SEM LUGAR NO MUNDO

Prefácio
PATRICK MODIANO

Tradução
HELIETE VAITSMAN

FRANÇOISE FRENKEL

SEM LUGAR NO MUNDO

Relato de uma livreira judia em fuga
na Segunda Guerra Mundial

Bazar do Tempo

Este livro foi revisado segundo o Acordo Ortográfico
da Língua Portuguesa de 1990, em vigor no Brasil desde 2009.

EDIÇÃO Ana Cecilia Impellizieri Martins
TRADUÇÃO Heliete Vaitsman
COORDENAÇÃO EDITORIAL Maria de Andrade
COPIDESQUE Vanessa Gouveia
REVISÃO Daniel Guimarães
PROJETO GRÁFICO E CAPA Angelo Bottino
FOTO DE CAPA Vitrine estilhaçada de gráfica de propriedade judaica durante a Noite dos Cristais, Berlim, 1938. Library of Congress, Prints & Photographs Division

F879s
Frenkel, Françoise.
Sem lugar no mundo: relato de uma livreira judia em fuga na Segunda Guerra Mundial / Françoise Frenkel; tradução Heliete Vaitsman. – Rio de Janeiro (RJ): Bazar do Tempo, 2018.

Título original: Rien où poser sa tête

ISBN 978-85-69924-32-6

1. Guerra Mundial, 1939-1945 – França – Histórias pessoais polonesas. I. Vaitsman, Heliete. II. Título.
CDD 843

1ª reimpressão

BAZAR DO TEMPO
PRODUÇÕES E EMPREENDIMENTOS CULTURAIS LTDA.

Rua José Roberto Macedo Soares, 12 / Sala 301 – Gávea
22470-100 – Rio de Janeiro – RJ
contato@bazardotempo.com.br
www.bazardotempo.com.br

SUMÁRIO

NOTA DA EDIÇÃO FRANCESA A presente edição de *Rien où poser sa tête* é a original de 1945. Não fizemos cortes nem adaptações do texto. Apenas alguns erros tipográficos e no uso de palavras foram corrigidos antes da autorização da reprodução.

NOTA DA EDIÇÃO BRASILEIRA As notas da autora estão marcadas como N.A. As da tradutora estão marcadas como N.T.

PREFÁCIO

O EXEMPLAR de *Rien où poser sa tête* - que, como me contaram, foi encontrado recentemente em Nice num bazar beneficente dos Companheiros de Emaús - me produziu uma impressão curiosa. Talvez por ter sido impresso na Suíça no mês de setembro de 1945 pela editora Jeheber, de Genebra. Esta editora, que não existe mais, publicara em 1942 *L'Aventure vient de la mer*,[1] tradução francesa de um romance de Daphne du Maurier lançado em Londres no ano anterior, um daqueles romances ingleses e americanos proibidos pela censura nazista e vendidos às escondidas, até mesmo no mercado negro da Paris ocupada.

Não se conhece o destino de Françoise Frenkel depois da publicação de *Rien où poser sa tête*. No fim do livro, ela nos conta como, a partir da Alta Saboia, cruzou ilegalmente a fronteira suíça em 1943. De acordo com a indicação na parte inferior da contracapa, escreveu *Rien où poser sa tête* na Suíça, "às margens do lago dos Quatro Cantões, 1943-1944". Há às vezes estranhas coincidências: em uma carta enviada por

1 N.T.: Publicado no Brasil sob o título *A enseada do francês* (Círculo dos Leitores, 1993).

Maurice Sachs alguns meses antes, em novembro de 1942, de uma casa do Orne onde ele havia se refugiado, encontro por acaso uma frase com o título do livro de Françoise Frenkel: "Parece ser um pouco o meu caminho, se não o meu destino, *não ter um lugar onde descansar a cabeça.*"

Que vida Françoise Frenkel levou depois da guerra? Até hoje, as raras informações que pude levantar sobre ela são as seguintes: ela evoca em seu relato a livraria francesa que abriu em Berlim no início dos anos 1920 – a única livraria francesa da cidade – e teria administrado até 1939. No mês de julho daquele ano, abandona às pressas Berlim e segue para Paris. Mas em um estudo de Corine Defrance, *La Maison du Livre français à Berlin (1923-1933)*,[2] somos informados que ela cuidava dessa livraria com o marido, um tal Simon Raichenstein, sobre o qual não diz uma única palavra em seu livro. Esse marido fantasma teria saído de Berlim para a França no final de 1933, com um passaporte Nansen.[3] As autoridades francesas lhe teriam recusado um documento de identidade e enviado uma notificação de expulsão. Mas ele permaneceu em Paris. Partiu de Drancy para Auschwitz no transporte de 24 de julho de 1942. Nascido em Moguilev, na Rússia, parece que em Paris viveu no 14º arrondissement.

Encontramos rastros de Françoise Frenkel nos arquivos de Estado de Genebra, na lista de pessoas registradas na fronteira genebrina durante a Segunda Guerra Mundial, ou seja, aquelas pessoas autorizadas a permanecer na Suíça após cruzarem a fronteira. Essa lista nos revela seus verdadeiros sobrenome e nome: Raichenstein-Frenkel, Frymetta,

2 N.T.: *La Maison du Livre Français à Berlin (1923-1933) et la politique française du livre en Allemagne.*

3 N.T.: Documento de identidade emitido pela Liga das Nações para permitir a circulação de refugiados apátridas ou privados de seus passaportes nacionais.

Idesa; sua data de nascimento: 14/07/1889; e seu país de origem: Polônia.

Um último rastro de Françoise Frenkel, quinze anos mais tarde: um processo de indenização em seu nome datado de 1958. Trata-se de uma mala que, em maio de 1940, ela havia depositado no guarda-móveis "Colisée", rue du Colisée 45, em Paris, e que foi confiscada em 14 de novembro de 1942 como "bem judaico". Ela obtém, em 1960, uma indenização de 3 mil e 500 marcos pelo confisco de sua mala.

O que continha essa mala? Um mantô de pele de nutria. Um casaco com gola de pele de gambá. Dois vestidos de lã. Uma capa de chuva preta. Um roupão da Grünfeld. Um guarda-chuva. Uma sombrinha. Dois pares de sapatos. Uma bolsa. Uma almofada térmica. Uma máquina de escrever portátil Erika. Uma máquina de escrever portátil Universal. Luvas, meias e lenços...

É realmente necessário saber mais que isso? Acredito que não. O que torna *Rien où poser sa tête* singular é a impossibilidade de identificar sua autora com precisão. O testemunho de vida de uma mulher perseguida no sul da França e na Alta Saboia durante a Ocupação é ainda mais impactante por parecer um testemunho anônimo, como o foi por muito tempo *Uma mulher em Berlim*,[4] também publicado na Suíça nos anos 1950.

Se pensarmos nas primeiras leituras de obras literárias que fazíamos aos catorze anos, tampouco sabíamos a respeito de seus autores, ainda que se tratasse de Shakespeare ou Stendhal. Mas aquelas leituras ingênuas e diretas nos marcavam para sempre, como se cada livro fosse uma espécie de meteorito. Hoje em dia, o escritor se exibe nas telas de televisão e

4 N.T.: O livro escrito por uma jovem berlinense é um testemunho também anônimo do cotidiano da capital alemã durante a tomada pelo exército soviético em 1945.

nas feiras de livros, interpondo-se sem cessar entre as obras e seus leitores tal e qual um caixeiro viajante. Sentimos saudade do tempo de nossa infância, em que líamos *O tesouro de Sierra Madre* assinado com o pseudônimo de B. Traven por um homem cuja identidade seus próprios editores ignoravam.

Prefiro não conhecer o rosto de Françoise Frenkel, nem as peripécias de sua vida após a guerra, nem a data de sua morte. Assim, seu livro será sempre para mim como a carta de uma desconhecida, esquecida no correio há uma eternidade e que você recebe por engano, embora, talvez, ela lhe fosse de fato destinada. A impressão curiosa que senti ao ler *Rien où poser sa tête* foi também a de ouvir a voz de uma pessoa cujo rosto não se distingue na penumbra e que conta um episódio de sua existência. E isso me recordou os trens noturnos de minha juventude, não os "*en sleeping*", os vagões dormitórios, mas as cabines com assentos, onde se criava uma intimidade muito grande entre os viajantes e onde alguém, sob a luz noturna, acabava por fazer confidências ou confissões, como se no sigilo de um confessionário. O que dava força àquela súbita intimidade era a certeza de que jamais nos reveríamos. Encontros breves. Guarda-se deles uma lembrança em suspensão, a lembrança da pessoa que não teve tempo de nos dizer tudo. Também é assim o livro de Françoise Frenkel, redigido há setenta anos em meio à confusão do presente e sob o impacto da emoção.

Acabei por descobrir o endereço da livraria de Françoise Frenkel: Passauer Strasse 39; telefone: Bavaria 20-20, entre os bairros de Schoneberg e Charlottenburg. Eu os imagino nessa livraria, ela e o marido, ausente do livro. No momento em que o escrevia, ela sem dúvida ignorava qual havia sido o destino dele. Simon Raichenstein tinha um passaporte Nansen porque era um emigrado oriundo da Rússia. Havia mais de 100 mil deles no início dos anos 1920 em Berlim. Eles se instalaram no bairro de Charlottenburg, que por isso ganhara o apelido de "Charlottengrad". Muitos desses russos brancos falavam francês e suponho que tenham sido os principais clientes da livraria do sr. e sra. Raichenstein.

Vladimir Nabokov, que morava no bairro, certamente cruzou uma tarde a soleira da porta da livraria. Desnecessário consultar arquivos e pesquisar fotos. Acredito que basta ler os contos e os romances "berlinenses" de Nabokov, que ele escreveu na língua russa e são a parte mais comovente de sua obra, para reencontrar o rastro de Françoise Frenkel em Berlim. Podemos imaginá-la nas avenidas crepusculares e nos apartamentos mal-iluminados descritos por Nabokov. Ao folhear *A dádiva*, último romance de Nabokov escrito em russo e um adeus à sua língua materna, encontramos a descrição de uma livraria provavelmente reminiscente da que pertenceu a Françoise Frenkel e ao enigmático Simon Raichenstein. "Atravessando a praça Wittenberg, onde, como num filme colorido, rosas estremeciam sob a brisa em torno de uma escada antiga que descia para a estação do metrô, ele caminhou em direção à livraria... Ainda havia luz... Os motoristas de táxis noturnos ainda buscavam livros, e ele notou a silhueta de Micha Berezovski através da opacidade amarela da vitrine..."

Nas cinquenta páginas finais de seu livro, Françoise Frenkel evoca uma primeira e fracassada tentativa de cruzar a fronteira suíça. Conduzem-na à Gendarmaria[5] de Saint-Julien

5 N.T.: A *Gendarmerie Nationale* é uma das forças militares encarregadas da segurança do Estado na França. Atua como força policial em grande parte do território, especialmente em áreas rurais e cidades menores, incumbindo-se de manter a ordem pública. A Gendarmaria Móvel, ou Tropa de Choque, e a Gendarmaria Provincial trabalham em cooperação com a Polícia Nacional, termo usado para designar policiais civis.

na companhia de "duas moças aos prantos, um rapazinho atordoado e uma mulher esgotada de cansaço e de frio". No dia seguinte, ela é transferida de ônibus à prisão de Annecy junto com outros fugitivos presos.

Sou sensível a estas páginas por ter passado muitos anos nessa região da Alta Saboia. Annecy, Thônes, o planalto de Glières, Megève, o Grand-Bornand... A lembrança da guerra e da Resistência ainda era intensa na minha infância e adolescência. Impressões digitais. Algemas. Ela é levada a uma espécie de tribunal. Felizmente, é condenada à "pena mínima com suspensão da execução e declarada livre". No dia seguinte restituem-lhe a liberdade. Ao sair da prisão, caminha pelas ruas ensolaradas de Annecy. Seu percurso, feito ao acaso, me é familiar. Ela ouve o mesmo murmúrio de um jato d'água que eu também ouvia, e os primeiros momentos da tarde silenciosa e de calor abafado perto do lago, ao final da promenade du Pâquier.

Sua segunda tentativa de cruzar ilegalmente a fronteira suíça será bem-sucedida. Eu tomava com frequência, na rodoviária de Annecy, um ônibus que me levava a Genebra, e havia observado como ele transpunha a Alfândega sem jamais ser submetido ao menor controle. Mesmo assim, à medida que a fronteira se aproximava pelo lado de Saint-Julien-en-Genevois, eu sentia um leve estremecimento no coração. Talvez porque ainda pairasse no ar a recordação de uma ameaça.

— PATRICK MODIANO

PREÂMBULO

É DEVER dos sobreviventes prestarem testemunho para que os mortos não sejam esquecidos nem ignorados seus sacrifícios obscuros.

Que estas páginas possam inspirar uma reflexão piedosa em homenagem àqueles que, extenuados ou assassinados, se calaram para sempre.

Dedico este livro aos HOMENS DE BOA VONTADE que generosamente e com infatigável coragem opuseram sua vontade à violência e resistiram até o fim.

Caro leitor, ofereça a eles o afeto e o reconhecimento que todas as ações magnânimas merecem!

Penso também nos amigos suíços que me estenderam a mão no momento em que me sentia afundar, e no sorriso franco de minha amiga Lie, que me ajudou a continuar viva.

— F.F.

Na Suíça, às margens
do lago dos Quatro Cantões,
1943–1944.

I

A SERVIÇO DO PENSAMENTO FRANCÊS NA ALEMANHA

NÃO SEI, de fato, com que idade começou minha vocação de livreira. Ainda bem pequena, eu podia passar horas e horas folheando um livro com imagens ou um grande volume ilustrado.

Meus presentes preferidos eram os livros, que se empilhavam nas prateleiras das paredes do meu quarto de menina.

Ao completar dezesseis anos, meus pais permitiram que eu encomendasse uma biblioteca ao meu gosto. Mandei fazer uma estante que eu mesma desenhei e que, para espanto do marceneiro, devia ser envidraçada dos quatro lados. Instalei aquele móvel dos meus sonhos bem no meio do quarto.

Para não estragar minha alegria, minha mãe me deixou à vontade; eu podia contemplar meus clássicos nas belas encadernações dos seus editores, e os autores modernos e contemporâneos nas encadernações que minha fantasia escolhia com amor.

Balzac se mostrava revestido de couro vermelho, Sienkiewicz de marroquim amarelo, Tolstói de pergaminho, e *Paysans*, de Reymont, vestia o tecido de um antigo lenço camponês.

Mais tarde, a estante ocupou seu lugar junto à parede, forrada de um belo cretone claro, mas essa alteração não diminuiu em nada meu encantamento.

Bastante tempo transcorreu desde então...

A vida havia me levado a Paris para longos anos de estudo e trabalho.

Todos os meus momentos de lazer transcorriam ao longo do cais, diante dos velhos caixotes úmidos dos sebos. Às vezes descobria ali um livro do século XVIII, que naquela época me atraía especialmente. Havia ocasiões em que acreditava ter encontrado um documento, um volume raro, uma carta antiga; júbilo sempre renovado, ainda que efêmero.

Lembranças!

A rue des Saints-Pères, com suas lojas empoeiradas e sombrias, espaços de tesouros acumulados, um mundo de investigações maravilhosas! Tempos encantadores da minha mocidade!

E as longas horas de permanência na esquina de rue des Écoles e boulevard Saint-Michel, na grande livraria que invadia a calçada. As leituras em diagonal nos volumes de páginas não cortadas, em meio aos ruídos da rua: buzina dos automóveis, conversas e risos de estudantes e moças, estribilhos das canções em voga...

Longe de distrair os leitores, o burburinho fazia parte da nossa vida de estudantes. Se o movimento desaparecesse e essas vozes se apagassem não teríamos sido capazes, simplesmente, de continuar a ler na esquina do boulevard: uma opressão singular se apoderaria de todos nós...

Felizmente, porém, nada tínhamos a temer então. A guerra com certeza reduzira algumas notas do diapasão da alegria geral, mas Paris vivia sua vida agitada e despreocupada. A juventude do Quartier Latin estremecia de excitação, as canções vibravam sem parar nas esquinas, e o amante de livros continuava sua leitura furtiva, diante das bancas carregadas de tesouros que editores e livreiros colocavam à disposição de todos com generosidade, deleitável boa vontade e completo altruísmo.

*

Ao final da Primeira Guerra, retornei à minha cidade natal. Depois dos primeiros arroubos de alegria por encontrar a família sã e salva, precipitei-me ao meu quarto de menina.

Fiquei paralisada! As paredes estavam nuas: o tecido de cretone, estampado de flores, tinha sido cuidadosamente solto e removido. Restavam apenas jornais sobre o reboco. Minha bela estante envidraçada dos quatro lados, maravilha criada pela fantasia juvenil, estava vazia e parecia envergonhada da própria decadência.

O piano também desaparecera da sala.

A Ocupação de 1914-1918 havia levado tudo.

Mas minha família estava viva e com boa saúde. Passei com ela férias felizes e voltei à França cheia de energia e vitalidade.

Além dos cursos na Sorbonne, eu trabalhava com assiduidade na Biblioteca Nacional, bem como na Biblioteca Sainte-Geneviève, meu lugar predileto.

Ao voltar da Polônia, comecei um estágio, todas as tardes, numa livraria da rue Gay-Lussac. Foi assim que aprendi a conhecer os "clientes" do livro. Tentava impregnar-me dos seus desejos, entender seus gostos, suas concepções e suas tendências, descobrir as razões por trás da admiração, do entusiasmo, da alegria ou do desagrado que mostravam em relação a uma obra.

Observar a maneira de alguém segurar um volume quase com ternura, volteando delicadamente as páginas, lendo-as com devoção, ou então as folheando apressadamente, sem atenção, para logo devolver o livro à mesa – às vezes de um jeito tão negligente que os cantos, essa parte tão sensível, ficavam desbeiçados – me permitiu, com o tempo, penetrar num caráter, num estado de alma e de espírito. Eu colocava perto do leitor o livro que acreditava combinar com ele, sempre com muita discrição, para evitar qualquer sugestão de influência. Se a pessoa se desse conta de que o livro lhe convinha, eu me sentia radiante.

Comecei a ter simpatia pela clientela. Em pensamento, acompanhava determinados visitantes por um trecho do caminho, imaginando a relação que teriam com o livro que haviam adquirido; em seguida, esperava impaciente o retorno deles, para verificar suas reações.

Mas também me acontecia detestar um vândalo ou outro... Pois havia pessoas que martirizavam uma obra, esmagavam-na com críticas violentas, com reprovações, chegando ao cúmulo de deformar-lhe perfidamente o conteúdo!

Devo admitir, com perplexidade, que era sobretudo às mulheres que faltava ponderação.

Eu havia encontrado, portanto, o complemento necessário do livro: o leitor. Em geral, reinava entre ambos uma harmonia perfeita na pequena loja da rue Gay-Lussac.

Em todos os momentos de folga, frequentava as salas de exposição dos editores, ou encontrava velhos conhecidos e novidades, objetos de surpresa e regozijo.

Ao chegar a hora de escolher uma profissão, não hesitei: segui minha vocação de livreira.

*

Era dezembro de 1920... Como de hábito, parti para uma breve estadia com a família. A caminho, parei em Poznán e em Varsóvia, e depois das férias segui para Cracóvia.

Levava na mala os dois primeiros volumes dos *Thibault*, de Roger Martin du Gard, os *Croix de bois* de Dorgelés, *Civilisation* de Duhamel, livros que me pareciam indicados para comunicar, aos amigos e livreiros que pretendia encontrar, minha admiração pelo exuberante florescimento da literatura francesa do pós-guerra.

Minha intenção era abrir uma livraria francesa na Polônia. Fui àquelas cidades, e em todas elas as livrarias tinham belas coleções de livros franceses. Então me pareceu que o negócio seria supérfluo.

Decidi fazer uma rápida parada em Berlim, na volta, para ver amigos e tomar o trem noturno que me deixaria em Paris na primeira hora da manhã.

Flanamos pelas grandes avenidas de Berlim, eu fazendo aquilo que mais amava: parar diante das vitrines das grandes livrarias. Havíamos atravessado "Sob as tílias",[1] Friedrichstrasse e Leipzigerstrasse, eu aos gritos:

- Mas vocês não têm livros franceses!

- É bem possível - era a resposta, lacônica e indiferente.

Refizemos nosso passeio no sentido inverso e dessa vez entrei nas livrarias. Em todos os lugares me asseguravam que a demanda por livros franceses era praticamente inexistente: "Ainda nos restam alguns volumes dos clássicos."

De jornais e revistas, nenhum traço. Os vendedores dos quiosques respondiam sem paciência às minhas perguntas.

Foi com essa impressão que regressei a Paris.

O professor Henri Lichtenberger, a quem contei o resultado de minhas andanças, disse-me simplesmente:

- Ora, por que você não abre uma livraria na Alemanha?

Um editor exclamou:

- Berlim? Mas é um centro! Tente a sorte lá.

Meu querido professor e amigo P. declarou:

- Uma livraria em Berlim...é quase uma missão.

1 N.T.: Referência à famosa avenida *Unter den linden* (Sob as tílias, em alemão), que a autora chama, em francês, de "*Sous les Tilleuls*".

Eu não ambicionava tanto: o que procurava era uma atividade, a de livreira, a única que me interessava. Contudo, não deixava de me atrair a perspectiva de trabalhar em Berlim, que eu tinha entrevisto na bruma do inverno, imensa, triste e morosa.

Foi com essa disposição que retomei, pouco tempo depois, o caminho da capital da Alemanha.

*

Minha primeira providência foi ir ao Consulado Geral da França, onde expus meu projeto com todo o entusiasmo da pessoa convicta, celebrando o apoio moral que já conseguira.

O cônsul geral levantou os braços para o céu:

- Mas a senhora parece ignorar o clima moral da Alemanha atual! A senhora não se dá conta da realidade! Se soubesse como já é difícil manter os professores de francês que estão aqui. Só uns poucos quiosques vendem nossos jornais. Os franceses precisam vir ao consulado para ter acesso a eles, e a senhora querendo abrir nada mais nada menos que uma livraria! Eles vão destruir seu negócio!

Eu soube mais tarde que, depois do plebiscito da Alta Silésia, uma multidão alemã pilhara o consulado em Breslau.

Na Embaixada da França, só consegui ser recebida por um jovem adido, que também não me encorajou. Depois de oito dias de pesquisa e reflexão, porém, minha decisão estava tomada: não havia livros franceses, mas Berlim era uma capital, uma cidade universitária onde já se sentia a pulsação da vida que renascia. Chegada a hora, uma livraria francesa tinha de fazer sucesso.

A Alemanha não me era desconhecida. Na juventude, tinha aperfeiçoado lá meus conhecimentos de língua alemã e estudara música com o professor Xaver Scharwenka. Mais tarde, numa segunda temporada, cursara um semestre na universidade feminina de Leipzig.

Eu não ignorava os grandes mestres do pensamento, da poesia e da música da Alemanha. E era sob a influência deles que se erguia toda a esperança de êxito de minha livraria na capital.

Era necessário, por certo, cumprir uma sucessão de formalidades administrativas e burocráticas na cidade. O primeiro funcionário berlinense consultado se mostrou abertamente contrário à venda exclusiva de livros franceses. Acabamos chegando a um acordo e decidimos chamar a livraria de "Central do Livro Estrangeiro", mas meu interlocutor alemão opinava, ademais, que a época não favorecia a realização do projeto.

Foi a despeito das objeções oficiais, portanto, que nasceu minha livraria francesa em Berlim. Ela foi instalada inicialmente no mezanino de uma residência privada, num bairro tranquilo e afastado do centro.

As encomendas começaram a afluir de Paris em grande número, trazendo-me os belos volumes de capas multicoloridas, tão característicos das edições francesas; os livros preencheram as prateleiras, subiram até o teto, cobriram o chão.

Eu mal tinha me acomodado quando a clientela acorreu. Para ser sincera, os clientes eram principalmente mulheres, estrangeiras em sua maioria – polonesas, russas, tchecas, turcas, norueguesas, suecas e muitas austríacas. Contraponto a elas, a visita de um francês ou de uma francesa constituía um acontecimento. A colônia não era numerosa, e muitos de seus integrantes, que haviam partido às vésperas da guerra, não tinham retornado.

Os grandes dias, para as queridas clientes, eram aqueles em que chegavam os jornais e as revistas de moda, sobre os quais elas se atiravam com gritinhos de prazer, encantadas pela visão dos moldes de que haviam sido privadas por tanto tempo. As publicações de arte também tinham admiradoras fervorosas.

Uma biblioteca circulante foi acolhida com enorme interesse. Em pouco tempo, os leitores tiveram de se inscrever numa lista e esperar a vez, porque os livros desapareciam num piscar de olhos.

Alguns meses mais tarde, a crescente afluência de clientes fez com que eu pensasse em expansão, e transferi a livraria para o bairro elegante da capital.

1921! Essa época de efervescência foi marcada pela retomada das relações internacionais e dos intercâmbios intelectuais. A elite alemã começou a frequentar, de início com grande prudência, esse novo abrigo do livro francês. Aos poucos, o número de alemães foi aumentando: filólogos, professores, estudantes e representantes daquela aristocracia cuja educação tivera influência substancial da cultura francesa, gente que já então era chamada de "velha geração".

Público curiosamente mesclado. Artistas conhecidos, vedetes, mulheres da alta sociedade inclinam-se sobre as revistas de moda, falando baixo para não distrair o filósofo mergulhado em Pascal. Junto a um balcão, um poeta folheia respeitosamente a bela edição de Verlaine, um sábio de óculos escrutina o catálogo de uma editora científica, e um professor de liceu, tendo reunido diante de si quatro gramáticas, compara com ar grave os capítulos relativos à concordância do particípio seguido de infinitivo.

Para meu espanto, pude constatar então o nível de interesse dos alemães pela língua francesa e o profundo conhecimento que alguns deles tinham de suas obras-primas. Um professor secundário me apontou, certo dia, a lacuna de uma dezena de linhas importantes na edição de Montaigne que ele tinha em mãos. Não se tratava, de fato, de uma edição *in extenso*. Um filólogo, ao ouvir meia dúzia de citações de um poeta francês, era capaz de dizer sem hesitação o nome do autor. Outro conseguia recitar de cor as máximas de La Rochefoucauld e de Chamfort, e os pensamentos de Pascal.

A vida de livreira me aproximou de gente original e simpática. Um cliente alemão, ótimo gramático, já se preparava para sair depois de uma compra quando ouviu de meu empregado um "*Au plaisir, monsieur*." Voltou-se para ele e pediu uma explicação sobre o significado da expressão. Queria saber se era tão somente uma gentileza comercial, ou se era possível usá-la também em sociedade, e em quais circunstâncias etc. etc.

Registrou a expressão num caderninho de notas e a partir desse dia nunca deixou de utilizar *au plaisir, monsieur*, acompanhado por um sorriso cúmplice.

Arautos da diplomacia, os primeiros a entrar em cena foram os funcionários dos consulados e das embaixadas, que logo se tornaram parte da clientela assídua. Depois chegaram os adidos, e enfim, em último lugar, vieram os senhores diplomatas e especialmente suas esposas.

Quanto à Sua Excelência, o embaixador da França, recebi sua visita logo ao abrir a livraria no bairro ocidental de Berlim. Ele agradeceu minha iniciativa, selecionou vários volumes e, daquela maneira tão peculiar à língua francesa, capaz de juntar firmeza e afabilidade polida, me disse que Romain Rolland e Victor Margueritte - o primeiro, um desertor da causa francesa, o outro, um pornógrafo - não estavam absolutamente à vontade numa livraria de respeito. Em compensação, Sua Excelência me recomendava as obras de René Bazin, Barrès e Henri Bordeaux.

Quando saiu, me senti ao mesmo tempo orgulhosa e triste. A despeito de toda a minha boa vontade, sabia que seria impossível seguir seus conselhos.

Uma embaixatriz estrangeira, tão inteligente quanto bela, tinha paixão por buquinar. Dedicava horas a fio às suas buscas de livros usados e sempre descobria algum volume que lhe agradava. Um dia, sem medo de sujar suas lindas e bem-cuidadas mãos folheando pechinchas empoeiradas, acumuladas numa salinha nos fundos da livraria, ela me disse, entusiasmada:

– Se não fosse esposa de diplomata, meu sonho seria ser livreira.

Nossa amizade foi selada a partir desse dia. Encomendava para ela pesquisas nos sebos de Paris, ao passo que ela me enviava clientes e me avisava da chegada a Berlim de grandes nomes e celebridades da França.

Organizamos conferências e recepções de autores conhecidos de passagem pela Alemanha: Claude Anet, Henri Barbusse, Julien Benda, madame Colette, Dekobra, Duhamel, André Gide, Henri Lichtenberger, André Maurois, Philippe Soupault e Roger Martin du Gard visitaram a livraria.

Alguns deles conversavam com o público. Os bate-papos tratavam de temas literários e artísticos, bem como de lembranças e impressões; atraíam professores, estudantes, franceses e todo um público mundano. Seguia-se às palestras uma audição de discos franceses: canções, poesias, cenas de peças de teatro.

Com a colaboração de voluntários franceses, organizávamos também "representações teatrais" de trechos de Marivaux, Labiche, do *Docteur Knock* de Jules Romains, e vez por outra apresentávamos cenas sobre temas atuais que nós mesmos escrevíamos. Chegamos a ter, na representação de algumas obras, um público de quinhentos alunos de escolas alemãs.

A festa de *Mardi gras*, a terça-feira de carnaval, organizada pelos franceses, tornou-se igualmente um grande acontecimento para os clientes.

No seu livro *Dix ans après*, Jules Chancel relatou uma daquelas festas, sua atmosfera, seu sucesso.

As diligências que eu fazia na qualidade de livreira contavam com a proveitosa contribuição do professor Hesnard, adido de imprensa, autor de um excelente estudo sobre Baudelaire. Ele me ajudava discretamente com seus conselhos.

O adido cultural que chegou a Berlim em 1931 igualmente me deu um apoio tão ilimitado e inestimável que eu não saberia expressar em palavras tudo o que devo à sua erudição e dedicação.

Em setembro de 1931, quem entrou na loja foi Aristide Briand, acompanhado de um funcionário que lhe servia de cicerone. Depois de me congratular, perguntou se eu abrira a loja dentro do espírito de reconciliação franco-alemão.

– Desejo ardentemente a reconciliação, e também a de todos os povos do mundo – respondi, e acrescentei: – Mas pensei apenas no lado espiritual ao me instalar em Berlim. A política é vulnerável à injustiça, à cegueira e aos excessos. Depois de uma discussão violenta entre dois clientes de nacionalidades diferentes, tenho prestado atenção para evitar que se fale de política na livraria.

Como espectadora dos acontecimentos ao redor, eu fazia uma série de constatações no dia a dia; observava a incubação de conflitos, sentia como as intimidações aumentavam. Teria apreciado muito, certamente, falar de peito aberto com aquele grande estadista cujas aspirações mereciam confiança. Mas ele estava acompanhado...

A desconfiança que a política me inspirava predominou acima de qualquer outra coisa. Não me arrependo de ter deixado de fazer perguntas a Briand nem de ter silenciado a respeito daquilo que me deixava apreensiva. Ele e seu idealismo desiludiram-se irremediavelmente tão pouco tempo depois!

Não abri a caixa de Pandora onde jaz ao fundo, num sono duas vezes milenar, a esperança de que é possível a compreensão entre os povos.

*

A visita de Briand conferiu um novo prestígio à minha livraria e lhe valeu o aumento da clientela. Experimentei, assim, anos de simpatia, paz e prosperidade.

Foi a partir de 1935 que começaram as graves dificuldades.

Primeiro, a questão das divisas. Para pagar as encomendas dos livros franceses, era preciso apresentar, a cada vez, uma nova autorização de desembaraço aduaneiro da mercadoria. Eu devia provar que a importação era necessária e apresentava as recomendações mais diversas possíveis. As escolas e os professores me remetiam fichas de encomendas. As universidades faziam o mesmo pelos canais oficiais.

Os clientes particulares preenchiam formulários que eu submetia em seguida ao serviço especial encarregado de avaliar os livros que seriam importados. Para completar o estoque, era preciso apelar ao apoio da Embaixada da França. O trabalho ia se tornando árduo.

A polícia aparecia de quando em quando. Sob o pretexto de que um autor figurava no índex, os inspetores vasculhavam tudo, apreendiam volumes. Foi assim que confiscaram os livros de Barbusse, mais tarde os de André Gide e, finalmente, um grande número de outras obras, entre elas as de Romain Rolland (já colocadas no índex pelo embaixador da França).

Para preencher o vazio produzido em minhas prateleiras, e em circunstâncias irônicas, um francês que era correspondente em Berlim de um jornal do Midi entrou na livraria justamente nessa ocasião a fim de me entregar sua obra intitulada *En face de Hitler*. Tratava-se de Ferdonnet, que se tornaria tristemente célebre como locutor da Rádio Stuttgart. Num tom cheio de arrogância, pediu que eu colocasse na vitrine um exemplar de sua obra. Respondi que, de acordo com as instruções dos editores, eu não expunha livros políticos. Ele replicou:

– A senhora sabe muito bem que me seria fácil *insistir*...

E acrescentou, em tom imperativo:

– De qualquer modo, estou contando com a senhora para as vendas!

Com uma lista nas mãos, inspetores vinham regularmente apreender diferentes jornais. Para se antecipar a eles, meus clientes logo passaram a chegar à loja na hora em que abríamos. O número de publicações francesas autorizadas, no entanto, ia se tornando cada vez mais limitado.

Durante algumas semanas, *Le Temps* foi o único jornal tolerado. Apressei-me a encomendar uma quantidade suficiente de exemplares; a clientela estava sedenta de notícias do exterior. Por oito dias, os leitores tiveram acesso ao jornal. Uma bela manhã, porém, um inspetor me avisou que *Le Temps* também passara a figurar na lista negra e carregou consigo o estoque inteiro, para grande decepção dos clientes.

Esconder os jornais? Pô-los discretamente num canto? A "difusão de publicações proibidas" me teria levado ao campo de concentração.

Mas um dia os jornais franceses deixaram de chegar à Alemanha. Desapareceram definitivamente.

Todas essas limitações eram de caráter geral. A promulgação das leis raciais de Nuremberg (no congresso do partido, em setembro de 1935) é que tornou minha situação pessoal muito precária.

O partido nazista sabia que minha livraria tinha algum tipo de proteção dos editores franceses. As autoridades alemãs, fiéis à política de apaziguar a opinião pública, hesitavam em provocar um mal-estar diplomático. Se por um lado toleravam minha atuação favorável ao livro francês, por outro lado me perseguiam devido à minha origem.

Minha correspondência incluía convocações, convites, ordens para assistir a uma determinada reunião e participar de tal ou qual manifestação ou encontro. As associações de livrarias exigiam que eu examinasse os estoques e remetesse ao serviço especial de verificação os livros contrários ao espírito do regime. A todos os formulários juntavam-se os questionários relativos à minha raça e à raça de meus avós e bisavós maternos e paternos.

Depois de algum tempo, meu secretário deixou de me mostrar essa papelada deprimente; ele pegava sua motocicleta e fazia a ronda das repartições para fornecer as informações solicitadas. Insistia na minha qualidade de estrangeira, de modo a reduzir provisoriamente as limitações e me dar tempo de preparar a liquidação do negócio.

Os incidentes se multiplicaram. Lembro-me de uma afronta que tive de suportar alguns dias antes do Natal. Numerosos pacotes contendo livros para presentes tinham acabado de ser entregues por dois fornecedores. As bancadas estavam superlotadas de belas edições para adultos e de álbuns infantis ilustrados e coloridos. As revistas, editadas com aquele gosto esmerado que em nenhum outro lugar do mundo se encontra como na França, brotavam de suas embalagens e eram acolhidas pelos gritos de admiração da clientela.

Era a euforia tão especial daquela época do ano!

De repente, a porta da loja se abriu com um estrondo e irrompeu a “vigilância” nazista do imóvel. A mulher com cabeça de Górgona tinha em cada mão duas latas de conservas vazias.

– A senhora entende alemão? – gritou ela.

– É claro que entendo – eu disse, aturdida.

– Essas quatro latas, elas pertencem à senhora?

– Não sei, vou perguntar à empregada. Mas por quê?

– Porque são suas. Eu sei disso, estou lhe dizendo! Todos os alemães sabem que há um recipiente para jogar fora as latas de conserva, e não é a lata de lixo, é uma caixa especial com um rótulo! A senhora vai receber uma multa salgada, que vai entrar na conta dos seus "bons negócios" de Natal – acrescentou ela, os olhos injetados de ódio.

A megera partiu. Um diplomata que assistira ao incidente contou como ficara indeciso, durante vários dias, sobre a forma de se desfazer de um tubo de alumínio com a inscrição "Não jogar fora" em vermelho. Ele não ousava jogar o tubo na cesta de papéis do seu quarto de hotel nem largá-lo na rua. Teve finalmente a ideia de deixá-lo numa farmácia, onde lhe deram os parabéns em nome do partido. A anedota provocou risos naquele momento, porém não bastou para dissipar o mal-estar.

Estava exausta.

Apoiada no regulamento do famoso "prato único",[2] a mesma zeladora do imóvel vinha, ao seu bel-prazer, controlar minhas panelas. Levantava as tampas, cheirava o conteúdo e a seguir ia embora fazendo a saudação nazista.

Foi essa mulher, aliás, a responsável pelo meu primeiro contato com a Gestapo.

Eu havia aproveitado o feriado da Páscoa para visitar meus primos de Bruxelas e averiguar com eles a possibilidade de transferir a livraria para a cidade. O resultado foi negativo.

2 N.T.: De 1933 a 1945, o governo alemão estipulou que as famílias deveriam se sacrificar pela comunidade substituindo os tradicionais pratos de carne pelo *Eintopfgericht*, "prato único", espécie de *ratatouille* alemão. O dinheiro economizado era coletado pelos zeladores dos edifícios a mando do partido nazista e revertido para uso oficial.

De lá, parti para Paris, como fazia todos os semestres. Realizei as diligências necessárias para transferir o negócio a franceses. Meus anúncios tinham sido publicados num boletim profissional. Um casal concordou em passar algumas semanas em Berlim para fazer um estágio na livraria e decidir se ficaria com o negócio.

No dia seguinte à minha volta, fui convocada para ir com urgência à delegacia de polícia. Chegando à Gestapo, tive de atravessar uma sucessão de três portões de ferro, abertos e em seguida fechados a chave, atrás de mim, por um SS de uniforme negro. Segui-o pelos longos corredores de janelas gradeadas. Ele finalmente parou diante de uma porta, bateu e me introduziu numa espécie de cela.

Na minha frente, sentado à mesa, estava um jovem louro de uniforme: vinte anos, rosto imberbe coberto de sardas, olhos azuis embaçados, ar furioso. Fez sinal para que me sentasse.

– A senhora é fulana de tal? Nome do pai, nome da mãe? Sua raça? Sua idade? Data e local de nascimento? Seus documentos de identidade! A senhora é acusada de ter viajado na Páscoa para um destino desconhecido, cruzando clandestinamente a fronteira.

– Viajei com o visto alemão regular de saída e entrada; fui primeiro a Bruxelas e depois a Paris.

– Por que Bruxelas? – ele gritou.

– Para ver meus parentes belgas.

– O que a senhora transportou nesse deslocamento? Divisas, ouro, diamantes? Confesse, nós vamos descobrir de qualquer jeito!

Ele continuava a levantar a voz, e eu me sentia cada vez mais perturbada.

– Nada disso – respondi, me controlando. – Como sempre, fui a Paris depois de uma estadia na Bélgica e voltei conforme a autorização escrita aqui no meu passaporte.

Ele afastou o passaporte:

- Está bem! Mas por que, precisamente, decidiu viajar para Bruxelas de carro?

Era óbvio que ele acreditava ter encontrado o ponto fraco da viagem, e fixou em mim um olhar penetrante e encolerizado.

- Aproveitei a viagem de amigos que iam para Bruxelas e me ofereceram carona na autoestrada. Eu não queria deixar a Alemanha sem ter visto ao menos uma vez essa rodovia da qual se fala no mundo inteiro.

- *Ach*! Nossa autoestrada é colossal - concordou o jovem funcionário, com um sorriso radiante que se esforçou por reprimir.

- Veremos. A senhora está dispensada - ele concluiu com gravidade.

Fui reconduzida à saída. Estava *livre*!

Minha amiga me esperava em frente ao portão de ferro. Ao me ver, correu em minha direção e se jogou nos meus braços.

De volta à livraria, disseram-me que da Embaixada da França e do Consulado Polonês tinham telefonado para pedir notícias. Haviam temido o pior.

Perguntei mais de uma vez a mim mesma se não devia à famosa autoestrada o fato de ter saído ilesa da aventura, numa época em que os campos de concentração se enchiam de inocentes.

No pátio do meu prédio, como em outros locais da cidade, começavam a acontecer, dissimuladamente, reuniões noturnas dos camisas-pardas da SA.[3] Os homens discutiam e diziam impropérios contra os governos estrangeiros, mas seu

3 N. T.: Abreviação de Sturmabteilung, que designava a milícia paramilitar nazista em ação na Alemanha durante a hegemonia nacional-socialista. Seus integrantes também eram chamados de camisas-pardas, devido à cor de seus uniformes.

principal foco eram os judeus. Depois, entoavam hinos que exaltavam a força, a guerra, o ódio, a vingança...

Os parapeitos de minhas quatro janelas no andar térreo serviam de assento a esses militantes.

Noites de insônia e de inquietude!

*

Como já fizera amiúde, viajei por dois dias para ver a família.

Meu pai não estava mais nesse mundo havia três anos. Nós todos o havíamos assistido no decorrer de sua penosa agonia e, embora impotentes para salvá-lo, déramos a ele toda a nossa ternura.

A velha casa de minha infância, ainda mais velha, estava de luto. Minha mãe vivia lá com o filho, a nora e o neto que mimava. Ela me acolheu afetuosamente e me preencheu com os dons infinitos de seu coração materno. Junto a ela, meu tormento interior se acalmava.

Minha mãe implorou-me que desistisse do trabalho para preservar a liberdade. Sim, era indispensável fazer isso.

Viajaríamos por algum tempo, nós duas, pelas belas florestas da Polônia. Eu poderia utilizar mais tarde meus conhecimentos de livreira; por certo, teria sucesso em qualquer lugar.

Assim dizia minha mãe. Eu assentia aos seus sábios e ternos conselhos. Tudo me parecia tão simples e fácil...

*

Os acontecimentos se sucederam com rapidez.

Em primeiro lugar, houve o dia do grande boicote.

Sentinelas nazistas postaram-se diante das lojas de judeus com a instrução de avisar os clientes que era contrário à doutrina nacional-socialista comprar em negócios de comerciantes dessa raça. As lojas estrangeiras que haviam escapado à honra de receber tal vigilância fecharam as portas em sinal de solidariedade.

Permaneci nos meus aposentos. De súbito, a empregada apareceu, muito ansiosa.

– Venha depressa, senhora! Estão pichando a vitrine!

Com efeito, munidos de um pote de cola e um longo pincel, rapazes da Juventude Hitlerista se aplicavam em pespegar cartazes com insultos na minha vitrine.

– O que é que vocês estão fazendo? – gritei.

– Estamos cumprindo ordens!

– Parem imediatamente!

Um dos garotos lançou um olhar para a vitrine e disse:

– Mas é um negócio estrangeiro! Inútil continuar, companheiros. Vamos embora!

Fazia um dia esplêndido. Saí para as grandes avenidas dos quarteirões vizinhos e constatei a extensão da manifestação.

Era ao mesmo tempo grotesca e lamentável.

Por todos os lados, a ordem era cumprida com rigor sistemático. Assisti, entre outras cenas, a uma que me pareceu bastante cômica. Ao aproximar-se da entrada de uma loja de roupas, uma senhora foi advertida pelos dois sentinelas nazistas de que a empresa era judia.

– Mas eu também sou judia – disse ela, passando pelo umbral da porta.

– Espere – ordenou um dos cérberos, agarrando-a pelo braço.

Os dois se consultaram, então um deles saiu correndo para receber instruções relativas a esse caso imprevisto.

A multidão reunida aguardava o veredicto.

A dama, fingindo indiferença, examinava atentamente os chapéus da vitrine.

O mensageiro retornou um quarto de hora depois e autorizou sua entrada na loja.

O boicote daquele dia foi deslanchado sob determinações estritas para que se mantivesse a ordem pública. Além dos confrontos nas calçadas, não ocorreram incidentes graves.

Viam-se pelas ruas pessoas constrangidas, quase envergonhadas; mas ninguém protestava abertamente...

*

10 de novembro de 1938 foi o dia inolvidável do grande *pogrom* em toda a Alemanha.

Tão pronto os jornais vespertinos difundiram em Berlim a notícia da morte de von Rath, diplomata da embaixada alemã em Paris, cada um de nós compreendeu que haveria acontecimentos terríveis. Sabia-se que o partido preparara com antecedência "represálias grandiosas".

Eu tinha passado a noite na casa de amigos. Estávamos tristes e inquietos. Voltando muito tarde, escutei no pátio os altos brados de uma grande reunião da SA.

Deitei-me sem acender a luz. Acordei com um barulho estranho vindo da rua. Meu relógio de mesa marcava quatro horas. O barulho insólito aumentava e parecia se aproximar. Reconheci o ritmo de uma sirene.

Vesti-me às pressas, supondo que um incêndio acontecia na vizinhança, e saí de casa.

Bem em frente, e por toda a extensão da rua, os bombeiros estavam em ação. A loja do comerciante de peles estava em chamas. Três imóveis adiante, o fogo era numa papelaria; mais longe ainda, outros focos de incêndio iluminavam a noite de vermelho. Não saí do lugar, atônita.

"A sinagoga está em chamas", alguém cochichou num grupo.

Atravessei a rua. A sinagoga, situada no pátio de um grande terreno, pegava fogo. Os bombeiros lançavam jatos d'água sobre as casas vizinhas para evitar a propagação do estrago.

"A sinagoga está destruída", decretou na sombra uma voz autoritária.

Fazia um calor horrível. Saindo do pátio, tropecei num objeto metálico. Um candelabro de prata de sete braços, quebrado e retorcido, jogado ali.

Na calçada, papéis espalhavam-se por toda a superfície.

"Anúncios", eu supunha, ao me abaixar para pegar um deles.

Qual não foi meu espanto ao constatar que se tratava de um fragmento da Torá, cujos restos esparsos haviam sido lançados ao vento.

Naquele momento, um velho avançou para o templo. Segurando uma lata de lixo, começou a recolher aqueles pergaminhos cobertos de caracteres hebraicos. Seus lábios se moviam. Ele parecia recitar uma oração. Era o bedel do templo.

Outras pessoas do bairro se juntaram a ele, em silêncio, para recolher as relíquias profanadas, conjunto de sombras dolorosas e patéticas.

A aurora começava a surgir.

Cansada, voltei para casa. Ouvi um grito irrompendo de uma janela: "A segunda turma está chegando".

Aproximavam-se dois indivíduos de passo cadenciado, armados de longas barras de ferro. Paravam diante de determinadas vitrines e jogavam pedras. Os vidros arrebentavam em estilhaços. Um deles se metia então entre os produtos expostos e, de pé, derrubava-os e pisoteava-os. Em seguida, os dois retomavam seu trajeto.

Observei a aproximação de ambos à medida que avançavam na minha direção. Encontrava-me nos degraus da livraria, o coração batendo em saltos precipitados, os nervos terrivelmente tensos. Sentia dentro de mim uma energia crescente.

Eles se detiveram.

Um deles soletrou meu nome no documento de identidade enquanto o outro consultava sua lista.

– Espere, espere! Ela não consta aqui.

Passaram.

Continuei ali. Sentia que, se necessário fosse, defenderia cada volume com todas as minhas forças, até mesmo com a vida, e não só por apego à minha livraria, mas especialmente devido a uma imensa náusea diante da existência e da humanidade, e a uma nostalgia infinita da morte.

Sentada nos degraus de minha loja, eu esperava...

Os incêndios crepitavam, e os bombeiros prosseguiam no seu trabalho.

As calçadas e o meio da rua cobriam-se de objetos os mais disparatados.

Alguém me pegou pelo braço e me fez voltar para dentro.

Um dia digno de Nero abateu-se sobre a cidade.

As mercadorias jogadas pelas janelas eram carregadas pela multidão. Qualquer um que tentasse defender e salvar seus bens era agredido.

Choques sangrentos e mortais sucederam nessa ocasião, sob o olhar indiferente da polícia.

Nas proximidades das cenas de pilhagem, policiais gesticulavam para ordenar que os veículos circulassem.

A cidade inteira assumiu um aspecto indescritível. Móveis, pianos, lustres, máquinas de escrever, pilhas de mercadorias jaziam nas calçadas; os destroços das vidraças de janelas e vitrines recobriam literalmente todo o pavimento das ruas.

Foram pilhadas tanto as joalherias quanto as lojas humildes dos pobres. Com exceção de algumas empresas de proprietários judeus estrangeiros, tudo foi liquidado de uma forma ordenada e sinistra.

Centenas de metros de tecidos pendiam das janelas das grandes lojas como emblemas de abominação e selvageria.

*

No dia seguinte, não abri a livraria. Por volta do meio-dia, recebi o telefonema de um alto funcionário da Câmara de Comércio. Ele me exortou, muito educadamente, a reabrir o mais breve possível. À guisa de comentário, acrescentou que o fechamento das empresas estrangeiras não estava nos planos do governo, pois poderia haver repercussões sobre os estabelecimentos alemães no exterior.

Ao longo do outro dia, numerosos clientes me visitaram. Traziam flores e demonstravam sua simpatia. O telefone não parava de tocar. As pessoas pediam notícias minhas e indagavam sobre o futuro da livraria.

Flores! Como elas me pareceram uma sinistra ironia, como me fizeram sentir todo o horror de minha situação! E, contudo, foram esses sinais de amizade que me reconfortaram.

*

Havia muito tempo eu deixara de vislumbrar a possibilidade de passar adiante a livraria. Todos os meus esforços nesse sentido tinham sido em vão. Os interessados levantavam questões muito sérias! Uma livraria francesa poderia perdurar em Berlim? O comprador não ficaria em péssima posição diante das autoridades nacional-socialistas ao adquirir uma empresa essencialmente francesa? Em 1939, como em 1921, ano de minha viagem de prospecção, um problema idêntico ressurgiu: qual era a razão de ser de uma livraria francesa em Berlim? Os poucos amigos da livraria que pretendiam adquiri-la tinham, portanto, motivos para hesitar e ficar apreensivos.

Quanto aos franceses, eles vinham "ver as condições de perto" e retornavam depois de apenas alguns dias. O jovem casal de Paris comprovara sua boa vontade, mas, malgrado nossos esforços recíprocos para chegar a um acordo, o entusiasmo deles diminuíra, e a esposa, primeiro, e em seguida o marido, se declararam incapazes de viver numa atmosfera tão pesada e melancólica. Por fim, me rendi à evidência - a livraria era a partir de agora dispensável e inadequada na Alemanha.

Meus compromissos com os editores não tinham sido amortizados. Eles me haviam tratado com confiança absoluta e facilitado meu trabalho. Era impossível fechar a loja sem antes tomar algumas providências.

Em junho de 1939, Paris elaborou e confirmou a lista dos meus compromissos. As faturas estavam sob controle do serviço de encomendas (seção alfandegária: verificação da regularidade das importações) e deviam ser submetidas à liberação antes de poderem seguir, acompanhadas por uma ordem de pagamento, para o Banco do Império (*Reichsbank*).

Como se tratava dos interesses de editoras francesas, essas formalidades contavam com o apoio do serviço comercial da Embaixada da França.

Em 1º de agosto de 1939, obtive a autorização para a liberação e passei a fazer os pagamentos freneticamente.

Tentei manter a salvo as coleções de livros. Enquanto tomava às pressas todas as medidas com esse objetivo - sem o menor sucesso, aliás - o ar se carregava de ameaças e perigo.

Em julho, eu tinha ido várias vezes ao Consulado Polonês para me inteirar da situação. E a cada vez me garantiam que estava tudo bem.

O cônsul me revelou confidencialmente que a Inglaterra estava a ponto de *resolver* as complicações surgidas nas relações germano-polonesas.

No dia 25 de agosto, tendo me liberado de todos os compromissos e às vésperas da viagem para as férias em família, voltei ao serviço comercial a fim de pedir sugestões para proteger a livraria. Consternada, recebi a notícia de que a fronteira polonesa estava "temporariamente" fechada devido às trocas de tiros entre indivíduos dos dois países.

A resposta dada à multidão inquieta que acorrera era: "Tudo vai ser resolvido, não haverá guerra!"

Em 26 de agosto, convocaram-me ao consulado. Lá, recebi o conselho de "esperar" em Paris e tomar o trem que em 24 horas retiraria de Berlim os franceses e alguns estrangeiros. "Essa partida coletiva é um protesto contra a violação nazista da fronteira polonesa."

Voltei mais uma vez ao meu consulado. "A Inglaterra está em ação! A América está intervindo! Roosevelt vai dirigir um apelo à paz ao povo alemão." E meu interlocutor, um alto funcionário, acrescentou: "Sua situação, num momento conturbado como este, é especialmente arriscada. Por que a senhora não aceita a oferta solidária de 'esperar' em Paris, por que não adia a viagem à Polônia até o final do conflito? É só uma questão de dias! Os Aliados não têm a menor disposição de entrar numa guerra..."

Isso foi dito com um sentimento de convicção profunda.

Concordou-se mais tarde que os diplomatas ingleses, franceses e poloneses tiveram dificuldade de admitir a aproximação da catástrofe.

Na mesma noite, duas amigas queridas vieram me ajudar a "arrumar as malas". Nada podia sair da Alemanha, naquela época, sem autorização especial. Era necessário preencher uma grande quantidade de questionários e especificar cada objeto que se pretendia levar: peças de lingerie, roupas, sapatos e até mesmo tesouras, sabonetes, escovas de dente.

Não tinha pensado em me submeter a essa formalidade.

Minhas duas amigas insistiram que eu levasse ao menos parte dos meus objetos pessoais. Uma mala ficou pronta graças aos bons cuidados de ambas.

Encolhidinha num canto do sofá, deixei-as agir à vontade. Toda a minha energia desaparecera. Era como se estivesse anestesiada.

Tarde da noite, dois rapazes chegaram para transportar a mala até a estação. Era uma irregularidade, e os expunha a um perigo real, que ambos desafiaram apesar dos meus protestos.

Fiquei sozinha com minha livraria. Velei-a a madrugada inteira, relembrando nossa comunhão, nossa solidariedade, nossos anos de esforços e lutas palpitantes.

Revia clientes e amigos... Tantas vezes, a cada tentativa que fizera de partir, eles tinham se mostrado profundamente afetados. "A livraria é o único lugar onde podemos descansar nosso espírito", diziam. "É onde podemos esquecer e nos sentir reconfortados, onde respiramos livremente. Ela é para nós mais necessária do que nunca. Fique!"

Compreendi naquela noite porque eu tinha sido capaz de suportar a atmosfera asfixiante dos últimos anos em Berlim... Amava minha livraria da mesma maneira que uma mulher ama, com amor verdadeiro.

Ela tinha se tornado a minha vida, a minha razão de ser.

A alvorada me encontrou sentada no lugar habitual, diante da escrivaninha onde eu trabalhava, em meio aos livros.

A livraria parecia quase irreal à primeira luz do dia.

Então, me levantei para dizer adeus...

Vaguei de estante em estante, acariciando com ternura a lombada dos livros. Inclinava-me sobre os exemplares numerados. Quantas vezes, por apego, eu recusara vender um ou outro!

Reli as dedicatórias dos autores. Alguns já não viviam. Entre eles, Claude Anet... Como ele tinha me falado com entusiasmo de sua vida na Rússia! Nem Henri Barbusse, que me contara suas lembranças da Romênia, da Rússia, de Lenine... Nem Crevel, jovem, desvairado, inquietante no seu temperamento explosivo e seu pessimismo.

Certas dedicatórias evocavam um instante de simpatia, outras eram uma homenagem efêmera... Todos esses tesouros ficariam para trás. Que mãos tomariam conta deles?

Eu buscava entre meus livros conforto e encorajamento.

E subitamente percebi uma melodia infinitamente delicada... Ela vinha das prateleiras, das vitrines, de todos os recantos onde os livros levavam sua vida misteriosa.

Eu estava ali, escutando...

Era a voz dos poetas, seu consolo fraterno à minha enorme aflição. Eles tinham ouvido o chamado da amiga e despediam-se da pobre livreira despojada de seu reino.

Os primeiros ruídos da manhã me chamaram à realidade.

*

Embarquei no trem junto com a colônia francesa, o pessoal da embaixada e do consulado, mais meia dúzia de poloneses e outros estrangeiros que iam para Paris.

Não obstante as declarações otimistas, a maioria de nós acreditava que o conflito era inevitável.

Meu último embate com os nazistas se deu na fronteira. Em Colônia, todos os viajantes tiveram de fazer fila diante de um funcionário do Banco do Império para trocar por dinheiro francês a quantia máxima autorizada de dez marcos.

Precedeu-me um padre polonês. Depois de dar uma olhada em seu passaporte, o funcionário alemão decretou: "Polonês!... Nada de divisas... O seguinte!"

Era a minha vez, e ele olhou igualmente às pressas meus documentos: "Não ariana!... Nada de divisas... O seguinte!"

Essa foi a palavra de adeus da Alemanha nazista.

À noite, ao chegar a Paris, precisei telefonar da gare du Nord à família e aguardar que os parentes me buscassem; não tinha dinheiro sequer para tomar uma condução.

As medidas nazistas haviam conseguido me golpear, portanto, além da fronteira.

Pálido prelúdio do que estava por vir! Daquilo que, felizmente, eu ainda ignorava.

Três dias após minha chegada, fui averiguar o paradeiro de minha mala. O empregado da estação disse-me que "no momento" as bagagens não estavam chegando da Alemanha. Mas ele iria verificar.

– A senhora está com sorte, a sua é a última que recebemos.

Inutilizou o recibo de retirada da bagagem e, bom moço, acrescentou:

– Guarde como lembrança, vai lhe trazer sorte.

*

Houve alemães que abandonaram pátria, bens e trabalho para não participar da obra nacional-socialista; outros se ilharam entre as paredes de suas casas para salvaguardar a própria liberdade de pensamento e de conduta.

Entre os muitos corajosos que levantaram a voz estiveram o pastor Niemöller, o padre Mayer, o monsenhor von Gallen, bispo de Münster, o cardeal Faulhaber, de Munique. Quase todos desapareceram ou, como os judeus, encheram os campos de concentração.

A lembrança deles não pode, por certo, ser apagada.

Meu pensamento também se volta para "os *habitués*", amigos fiéis da livraria. O que foi feito deles? A gigantesca onda que afogou os impulsos de liberdade e justiça carregou aqueles *homens de boa vontade*?

É com uma profunda tristeza que me dou conta de tudo isso...

Ao pensar nos últimos e tormentosos anos de minha permanência em Berlim, revejo uma sucessão de fatos espantosos: os primeiros desfiles silenciosos dos futuros camisas-pardas; o processo que se seguiu ao incêndio do Reichstag, característico dos métodos nacional-socialistas; a rápida transformação das crianças alemãs em larvas agitadas da Juventude Hitlerista; a postura masculina das moças louras e de olhos azuis cujo passo militar era tão forte que fazia as vidraças vibrarem e, no interior das vitrines, os livros tremerem, tomados por um sombrio pressentimento; a visita de certa mãe alemã lamentando o filho, que acabara de ser parabenizado diante de toda a sua classe e apontado como exemplo porque a denunciara devido às suas opiniões antinazistas; outra mãe, judia, me contou com o coração transbordante de dor que seu filho, de pai cristão, a havia encontrado na rua e, estando com seus companheiros hitleristas, fingira não a reconhecer; a desolação crescente de todas as mães pela partida dos filhos dos lares; a influência dos zeladores de imóveis, que se intrometiam na vida dos locatários, citavam-nos nos tribunais de costumes, despedaçavam os laços de matrimônio, amizade, afeição e amor; as pessoas que primeiro foram privadas de seus trabalhos e de suas atividades, em seguida de seus bens, e finalmente de seus direitos civis e humanos; a fuga dos perseguidos para as fronteiras; os enterros dos desesperados que haviam se jogado sob os trens ou das janelas; os desaparecidos para sempre nos campos de concentração; o retorno, depois de uma longa ausência, de clientes bem-educados e cultos que - as cabeças raspadas de prisioneiros, o olhar distante e inquieto, as mãos tremendo - haviam se tornado velhos em poucos meses!

Lembrança de um zelador de prédio que surgia com seu rosto de robô, rosto no qual o ódio e o orgulho estavam tão profundamente entranhados que nele não havia espaço para qualquer sentimento de amor, amizade, bondade ou piedade...

E, em torno desse zelador, uma multidão histérica e fascinada, capaz de todas as violências e todos os assassinatos!

Visão do parto daquele monstruoso e crescente ninho de cupins humanos que se espalhava rapidamente por todo o país com um sinistro ranger de metais, cupins donos do poderio incalculável das forças coletivas.

II

PARIS

A FRANÇA não acreditava que a guerra estava próxima. Respirando a atmosfera da capital, deixei-me conquistar depressa pelo sentimento generalizado de confiança. Antevia minha próxima partida para perto dos meus.

Naqueles dias de crise intensa, Paris mantinha sua fisionomia habitual: movimento, cores, vitalidade.

Nos terraços dos cafés e nas esquinas, comentava-se a situação. No metrô, lia-se o jornal do vizinho por cima do seu ombro; a necessidade de se comunicar e de ter notícias, estas talvez transmitidas por um interlocutor bem-informado sobre alguns detalhes inéditos, incitava as pessoas a falar com quem estivesse por perto, a parar na rua a fim de ouvir, olhar, conversar.

O público que esperava na porta das redações comprava os jornais ainda úmidos de tinta. A multidão se empurrava para agarrar um exemplar; os vendedores pareciam ter asas. Diante dos jornaleiros, as filas se estendiam muito antes da chegada dos ciclistas. Algumas pessoas compravam vários jornais, de opiniões opostas, percorriam suas páginas avidamente, ali mesmo, e os passavam em seguida a outros leitores.

Os grandes jornais diários ou tranquilizavam a opinião pública ou a convocavam a se preparar para acontecimentos inevitáveis.

O rádio soava sem interrupção nas casas, nos pátios, nas praças, nos escritórios, restaurantes e cafés. Era impossível escapar ao seu alcance. Sua voz roufenha penetrava em todos os lugares, até mesmo nos teatros, e era igualmente ouvida nos intervalos dos concertos clássicos.

As estações de rádio eram escutadas sem um critério pré-estabelecido e em todos os idiomas. Verdadeira Torre de Babel! Havia quem acordasse à noite especialmente para ouvir as transmissões americanas. Era uma obsessão! A tensão nervosa alcançou naqueles dias um grau indescritível.

Completamente imbuído de um desejo ardente de paz, o povo francês *aguardava*. A famosa frase "ano passado também foi assim, parecia que o pior ia acontecer e tudo se resolveu" circulava de boca em boca, como se fosse o refrão de uma canção popular.

Foi por esse motivo que o início das hostilidades mergulhou a França inteira na consternação.

Senti uma dor dilacerante.

Apenas naquele momento, compreendi como era imensa a distância que me separava de minha mãe. Permaneci longe dela, e de todos os meus, durante a guerra inteira, mas pensando neles pelo que pareceu uma eternidade de inquietação e sofrimento.

O exército alemão avançava, pisoteava a Polônia e lá se instalava. Angustiada, seguia no mapa o progresso fulminante do inimigo...

O rádio relatava, incansável, os detalhes horripilantes de carnificinas, batalhas, bombardeios, devastação e massacre de populações. Os comunicados eram feitos justo na hora das refeições, e a gente tinha de se habituar a comer, beber, mastigar e engolir ao mesmo tempo em que ouvia notícias sangrentas e catastróficas. O horror se instalou na vida cotidiana.

Paris tinha se tornado, de um dia para o outro, estranhamente silenciosa.

Começou assim para a França o curioso período de suspensão de atividades militares, a "guerra de mentira".

Foi nessa ocasião que a imprensa lançou uma grande campanha contra a chamada "quinta coluna",[4] infiltrada por toda parte havia anos. Ávido por distração, o público descobriu um interesse apaixonado por essas revelações sensacionais.

A chefia de polícia tomou "medidas importantes" de ordem geral; decidiu fazer um censo de todos os estrangeiros e rever a situação deles.

Tais medidas foram ordenadas sem uma organização prévia e executadas imediatamente. As delegacias de polícia, as direções dos hotéis, as hospedarias, os *concierges* e os empregadores de estrangeiros foram convocados a se certificar de que estes respeitavam perfeitamente as novas diretrizes.

A população inteira se pôs a vigiar os "suspeitos". De uma hora para outra, milhares de estrangeiros foram se postar na frente da Prefeitura, formando uma fila que passava pelo quai aux Fleurs e se estendia até o boulevard Saint Michel.

Eles tomavam posição desde o amanhecer; levavam cadeiras dobráveis, lanche, livros, jornais - e aguardavam pacientemente, primeiro sob a chuva de setembro e outubro, depois sob a neve de novembro e dezembro.

Longe de seus países em virtude da guerra, impossibilitados de regressar, alguns deles sem recursos, os estran-

4 N.T.: Expressão surgida na guerra civil espanhola para designar genericamente um grupo ou indivíduo que apoia o inimigo, por meio de espionagem, propaganda ou ação militar.

geiros aguardavam, fatigados e atordoados. Um terrível abatimento reinava entre aquela multidão heterogênea de desenraizados.

Como a mobilização geral tinha recrutado para o serviço militar a maior parte dos homens válidos, o pessoal da Prefeitura era constituído sobretudo de mulheres jovens. Elas não tinham o menor preparo para aquela tarefa iníqua e muito depressa ficaram sobrecarregadas.

Munida de minha cadeira dobrável, fiquei na fila por horas intermináveis a fim de obter a autorização de residência na França.

Sentia um extremo cansaço físico e moral. Mas, embora no íntimo me queixasse, suportava corajosamente as exigências policiais. As formalidades eram extensas, muitas vezes realizadas sem controle posterior, e impostas a todos os estrangeiros, sem distinção de nacionalidade nem de raça. Elas nada tinham de degradantes e eram apenas decorrência da confusão generalizada.

Eu esperava pacientemente, portanto, às vezes tossindo, outras vezes com febre.

Mas o que importava? Estava em Paris, Paris com suas tardes ao longo dos cais, junto às bancas dos buquinistas, que pareciam ainda mais abarrotadas de novos tesouros desde minha última visita.

A atitude dos editores em relação a mim foi muito benevolente. Felicitaram-me e prometeram-me apoio para uma nova livraria.

O adido cultural, também recém-chegado a Paris, me encorajou: "É um mérito seu haver permanecido no posto até o último minuto", disse, acrescentando com um sorriso: "Como um soldado valente."

Ele se esforçou em tornar menos doloroso o afastamento de minha querida livraria, do mesmo modo que me havia ajudado generosamente, pouco tempo antes, a defendê-la contra todas as adversidades.

Foi assim que começaram para mim, sob um céu chuvoso, os dias infinitamente sombrios da nova guerra.

Obtive por fim a autorização de residência. De acordo com ela, eu podia usufruir a hospitalidade da França até o término das hostilidades.

*

A guerra ia adquirindo um ritmo cada vez mais acelerado. Os alemães cruzavam novas fronteiras. O inimigo aproximava-se da França e a "guerra de mentira" chegava ao fim.

Enquanto isso, confiantes na segurança da Linha Maginot,[5] os franceses ainda não acreditavam na possibilidade de violação do território nacional.

Foi naquele momento que começaram os ataques aéreos à região parisiense. As bombas caíam sobre as fábricas dos subúrbios. A incerteza era geral. A imprensa e o rádio prodigalizavam conselhos e instruções, mas o público se mostrava hesitante. Era melhor morrer em casa ou por asfixia num abrigo subterrâneo?

Tão logo as sirenes soavam, uns se mantinham na cama enquanto outros desciam de seus apartamentos para os abrigos, retornando em seguida ou permanecendo no vão das escadas. Havia quem se aventurasse até o umbral do imóvel, "para ter uma ideia daquilo" e para conversar com os vizinhos.

5 N.T.: Sucessão de trincheiras e estruturas projetadas pelos franceses ao longo das fronteiras com a Alemanha e a Itália; à época de sua conclusão, 1936, era a linha defensiva militar mais poderosa já construída no mundo, numa extensão de cerca de setecentos quilômetros.

Os chefes dos grupos, que começaram agindo com energia, depois relaxaram. "No fundo, não se sabe o que é melhor" - admitiam.

As mulheres parisienses sentiam-se orgulhosas por não ter demonstrado medo e passavam as manhãs a se comunicar por telefone, trocando impressões.

Foi somente quando despencou por completo a confiança na possibilidade de defesa, lá pelo fim de maio de 1940, que as pessoas começaram a pensar em abandonar Paris.

O governo recomendava que partissem; todo indivíduo que não fosse realmente necessário na capital devia se ausentar, a começar pelos idosos.

As escolas fecharam, antecipando as férias em dois meses. Mas era com tranquilidade que todo mundo se preparava para partir.

Meu velho professor de outrora, amigo sempre devotado, me propôs seguir em sua companhia para Avignon, onde ele iria morar. Recordo que naquele dia estávamos sentados no terraço do *Le Boule d'Or*, nosso café habitual da place Saint Michel. Ele me falava das belezas da cidade histórica. A Ponte de Avignon, para mim apenas um nome mencionado em canções, ou um fragmento do passado distante, viria a se tornar realidade...

Seguindo a recomendação do rádio de levar um salvo-conduto para a viagem, saí de manhã bem cedo para a delegacia de polícia do bairro. Não me espantei em nada ao encontrar uma fila de gente em busca do mesmo documento. Depois das filas que tinha enfrentado na administração da polícia, não me assustei.

Junto com outras pessoas, cheguei enfim à mesa onde os policiais atendiam o público. Fomos informados de que devíamos apresentar um atestado médico certificando a necessidade de um período no mar ou no campo, ou um convite pessoal oriundo do país para onde o solicitante viajaria, convite este a ser enviado de preferência por um parente próximo ou, quem sabe, por um doente carecendo de ajuda.

Logo ao sair da delegacia, havia quem corresse para os consultórios médicos, enquanto outras pessoas iam tentar descobrir algum parente próximo ou distante; cada um procurava resolver as pendências da melhor maneira possível, sendo necessária uma nova espécie de criatividade para enfrentar todas as situações.

Meu velho amigo enviou uma mensagem urgente ao afilhado, e este imediatamente expediu para mim um convite que atendia as normas.

Os apelos à população se tornavam mais e mais prementes, porém ao mesmo tempo era cada vez mais difícil conseguir salvo-condutos. Recebi o meu a tempo.

Na véspera de minha partida de Paris, recebi, por meio da Embaixada de Suécia, notícias da livraria: as coleções de livros e discos, colocadas em caixas, bem como os móveis e os objetos, tinham sido depositados num guarda-móveis graças aos bons cuidados dessa embaixada.

Três meses mais tarde, um intermediário suíço avisou que, devido à minha raça, tudo o que estava no depósito havia sido confiscado por ordem do governo alemão.

Tendo aprendido com a experiência e antevendo o que seria obrigada a enfrentar, antes de partir para o desconhecido solicitei aos editores uma carta de recomendação. Mandaram-me procurar um determinado departamento da Presidência do Conselho,[6] e obtive um documento redigido nos seguintes termos:

6 N.T.: No período da chamada Terceira República na França (1876–1940), o Poder Executivo era dividido entre o presidente do Conselho e o presidente da República.

*A senhora F*** administrou por muitos anos, com dedicação e inteligência, uma livraria fundada por ela em Berlim em 1921 e que foi consagrada exclusivamente ao livro francês. Ela prestou à França valiosos serviços à difusão do livro francês no exterior. Almejamos que desfrute no nosso país, em prol do qual trabalhou com afinco, de todas as liberdades e de todos os benefícios.*

O documento tinha a assinatura de um alto funcionário da Presidência do Conselho.

Minha bagagem, não mais que duas malas, foi arrumada às pressas; a mala grande resgatada de Berlim tinha sido confiada a um guarda-móveis parisiense.

Meu velho e generoso amigo conseguiu, depois de muitas horas de espera na gare de Lyon, duas passagens para Avignon.

Era dificílimo encontrar condução naquela época; posteime desde cedo na calçada, as duas malas na minha frente, com a esperança de pegar o primeiro táxi que passasse vazio. Ao final de uma hora, um motorista parou.

*

Era um dia radiante de primavera.

Atravessei a cidade de leste a oeste; toda a margem direita desfilava melancolicamente diante dos meus olhos, com suas maravilhosas perspectivas, parecendo perder-se no infinito. Ela se afigurava mais bela do que nunca em sua imponente grandiosidade.

Na place de la Bastille, me assustei quando o chofer reduziu um pouco a marcha. Uma mulher jovem, muito elegante, pulou sobre o estribo do carro e agarrou-se na porta: "A senhora permite, *senhora*?" – ela perguntou com um sorriso encantador, como se estivesse numa visita social. "É para reservar o veículo."

Diante da gare de Lyon, o engarrafamento era tão grande que o chofer teve de me deixar no início da rampa de acesso. Fiquei muito feliz quando um bêbado me ofereceu seus serviços de carregador improvisado, e, aliás, deles se desincumbiu bem.

Meia hora mais tarde, tomamos nosso rumo.

Silêncio do campo, paz dos arrabaldes, sucessão de paisagens agradáveis – tudo aquilo ainda existia em todo o esplendor. Falávamos pouco. Nossos pensamentos voltavam-se para os países invadidos e devastados, para a sombra da noite prestes a descer sobre a França.

Três dias depois, Paris foi bombardeada. Houve um milhar de vítimas.

A guerra se desencadeava sobre a França. Os alemães se aproximavam da capital.

III

AVIGNON

MINHA PRIMEIRA IMPRESSÃO da capital do Comtat fez com que eu retrocedesse alguns séculos. Instalei-me numa casinha muito velha, numa ruela ainda mais antiga. Não obstante as sucessivas restaurações, tudo ali recordava o passado: a escada, o pequeno pátio, as janelas e até a pesada chave da porta. Em alguns momentos, eu tinha a sensação de estar visitando antepassados.

Por um labirinto de ruelas onde era agradável me perder, eu seguia até as muralhas, que em pouco tempo passei a conhecer em todos os detalhes. Um silêncio absoluto dava a alguns bairros um caráter irreal. Por todos os lados, eu tinha a sensação de sonhar. A sonolenta doçura da cidade me conquistou. Não lia mais os jornais, que não chegavam regularmente a Avignon, e evitava o rádio.

À tarde, depois de atravessar o Ródano, eu me sentava numa das grandes pedras planas da beira-rio. Elas haviam sido transportadas até ali em tempos antigos pelos habitantes da cidade, me contaram, e constituíam sua propriedade privada. As pessoas iam até o local para usufruir o frescor do rio.

Eu contemplava o espetáculo da ponte e do Castelo dos Papas, tanto de dia, sob a luz ofuscante do sol, quanto no crepúsculo, que esfumaçava os contornos e conferia à velha cidade a aparência de uma miragem.

Por vezes, me acomodava no pequeno Jardim Público. Apesar da guerra, estava bem tratado e florido, cuidadosamente podado pelo velho jardineiro da municipalidade. Os cisnes evoluíam majestosos nos dois lagos, as crianças brincavam, despreocupadas; pessoas muito idosas trocavam observações inocentes: "Você leu os jornais? - Vamos acabar com eles, igual a 18. - Eles não vão se atrever a vir até aqui! - Em Marselha, dizem que... - Você ouviu o rádio?"

Em seguida, fatigados pelo esforço, voltavam à sesta, dormiam ou mudavam de assunto. Todo aquele pequeno mundo de *habitués* do Jardim Público era composto por aposentados, pessoas que viviam de rendas e pensionistas do asilo de idosos.

Numa tarde de calor escaldante, passando por uma ruela afastada, parei para admirar a porta e o balcão de uma casa de estilo muito puro. Um silêncio absoluto reinava ao meu redor, e me deixei ficar ali, perdendo a noção de tempo e lugar. Subitamente, uma janela se entreabriu, e uma senhora muito idosa disse em voz doce e amável:

- Faz muito calor hoje, senhora. A senhora não quer me dar o prazer de aceitar um pouco de cidra? Está bem fresca!

Aceitei o convite inesperado e tive assim a ocasião de passar a tarde numa residência decorada com maravilhas antigas. O piso era revestido por um mosaico delicado; o teto era ornado de anjos, flores e divisas. Os móveis datavam de muitos séculos. Os retratos de ancestrais solenes me olhavam...

No tocante à cidra, ela me foi servida numa taça de ouro e prata, presente de um papa de Avignon a um dos seus grandes senhores. A taça, abençoada, tinha o poder de proteger seu beneficiário contra a peste, que devastava Avignon na época.

– Ela preservará a senhora do inimigo – disse-me a sorridente e nobre dama.

Percebi que ela me conhecia de vista e sabia que eu chegara à sua cidade fugindo da Ocupação. Já era tarde quando me despedi da amável anfitriã, prometendo-lhe que regressaria.

Ao voltar para casa, me vi no espelho de uma grande loja moderna e senti uma espécie de deslocamento: encontrava-me inesperadamente no século XX.

Minhas incursões ao passado não me faziam esquecer a realidade da guerra. Polônia, Dinamarca, Bélgica, Holanda, todos esses países invadidos pareciam partes arrancadas ao nosso planeta, sem possibilidade de contato, e deles chegavam até nós apenas indícios raros e longínquos de devastação e sofrimento.

Meu desespero por causa da minha família era imenso; não sabia mais o que fazer.

A França, por sua vez, sangrava. Ainda que se voltasse à lembrança dos anos 1914-1918, e se evocasse de bom grado o Marne,[7] era impossível achar outras analogias com o presente. O que se via era tão somente um mundo a caminho da destruição.

7 N.T.: Referência à batalha do Marne, setembro de 1914, em que as forças francesas, com apoio inglês, contiveram o avanço alemão.

IV

VICHY

MUITO RÁPIDO, porém, uma inquietação dolorosa apoderou-se de mim por completo.

Perdido o contato com o passado, fui precipitada bruscamente no horror da realidade. A realidade da guerra.

Quando meus primos, refugiados belgas, me avisaram que tinham acabado de chegar a Vichy e sugeriram que eu fosse encontrá-los, senti uma autêntica ânsia de rever esses membros da família.

Meu querido professor, um verdadeiro filósofo, desaconselhou a viagem; eu devia confiar na Providência, recomendou ele, e aguardar tranquilamente às margens do Ródano a sucessão dos acontecimentos.

Embora concordasse inteiramente com a sabedoria dos seus conselhos, eu não podia continuar onde estava. Sentia também a necessidade de mudar de horizonte, e o mero fato de me movimentar já parecia atraente.

Despachei minhas duas malas e tomei o trem para Vichy. Levamos vinte horas até alcançar Clermont-Ferrand, passando por Nîmes.

No caminho, sempre ao longo do curso do rio Allier que nos acompanhava, meu olhar encantado seguia as

Cévennes e suas flores semelhantes a opulentos tapetes dourados.

O trem parava com frequência, e os viajantes desciam para esticar as pernas; compravam pão, queijo e frutas dos camponeses. Reinava um companheirismo cordial. Era uma espécie de evasão para longe das graves preocupações.

Por todos os lados do trajeto, soldados se juntavam a nós. A maioria deles ficava em Clermont-Ferrand, outros voltavam para casa; um grande número dirigia-se aos centros de recrutamento que lhes haviam sido designados.

Lembro-me que um oficial entrou no nosso compartimento e disse: "Inútil prosseguir, coitados de vocês! Voltem para o lugar de onde vieram. Estão combatendo em Moulins! Os alemães ocuparam a maior parte da França."

Ninguém levou a sério suas declarações! Sabíamos que os alemães estavam em Paris desde 14 de junho. Como teriam sido capazes de atravessar todo o norte da França e cruzar o Loire em poucos dias?

Mas ao chegar a Clermont-Ferrand ficamos sabendo que as tropas alemãs seguiam, com efeito, o curso do Allier. A consternação foi geral!

Só me restava chegar ao endereço dos meus primos o mais depressa possível. Parti para Vichy num trem improvisado para poucos viajantes. As comunicações regulares haviam cessado.

Alcancei meu destino por volta das seis horas da manhã. Aproximei-me da casa deles e, de longe, reconheci meu primo, ocupado em amarrar colchões com cordas em cima do seu automóvel. Ao lado dele, havia numerosos embrulhos. Ao me avistar, levantou os braços para o céu:

– Ô infeliz, o que está fazendo em Vichy? Enviamos um telegrama aconselhando você a desistir da viagem.

– Pode ser, mas não recebi nada – respondi.

Foi assim minha chegada a Vichy.

Depois de abraçar os primos, comecei, como todo mundo, a preparar a partida. Às dez horas, tomamos nosso lugar na fila de veículos que se dirigiam a Clermont-Ferrand.

Na estrada nacional, os veículos avançavam em grupos de quatro. Em todas as direções havia caminhões carregados de mulheres, crianças e velhos. Estes, instalados em cadeiras, levavam sobre os joelhos uma criança, um gato, um cão, uma gaiola, uma cesta, pedaços de pão. Nos lados do caminho, gado e coelhos.

A perder de vista, ciclistas volta e meia emolduravam os caminhões, as carroças puxadas por cavalos e os automóveis cobertos de colchões.

Diante de nós trafegava um veículo com o vidro traseiro quebrado. Pela abertura, uma senhora idosa nos perguntava a todo o momento, a voz ansiosa: "Meus bichos ainda estão aí?" Sobre o bagageiro, havia um caixote com coelhos, um gato numa cesta e canários numa gaiola. Tranquilizávamos a boa senhora.

A fila de veículos avançava à velocidade de 1 km/h. Descíamos de vez em quando e caminhávamos ao lado da estrada. Dali, podíamos assistir ao desfile dos evacuados se perdendo no horizonte.

Houve um momento em que os soldados se aproximaram pelo lado oposto. Com a estrada inteiramente engarrafada, avançavam pelo campo do jeito que conseguiam. Gritavam para nós: "Vamos para Moulins, estão lutando lá. É inútil tentar chegar a Clermont-Ferrand. Não tem mais lugar. Acabou a comida e, pior, começa a faltar água... De gasolina, não há uma única gota!"

Pareciam cansados. Muitos caminhavam calçados com sapatos cambaios, carregando nos ombros as botas amarradas por cordões.

Mais longe, encontramos, à frente de uns cinquenta militares da artilharia tão fatigados quanto os soldados rasos que os precediam, vários caminhões nos quais se empoleiravam uns 75 homens! Os veículos dos refugiados foram obrigados a se espremer no acostamento para dar espaço a esse grupo.

A passagem dos combatentes foi identificada, ao que parece, por aviões alemães de reconhecimento. Pouco depois, um clamor se elevou: "Os aviões, os aviões!" A defesa antiaérea de Clermont-Ferrand disparou. Umas poucas bombas alemãs caíram. As pessoas se precipitaram em desordem para as valas.

Quando a circulação recomeçou, meu primo decidiu: "Se Clermont-Ferrand está superlotada de refugiados, seria mais razoável voltar agora mesmo para Vichy, até porque depois me faltaria gasolina para retroceder de Clermont."

Concordamos e, na primeira bifurcação, ele acelerou para retornar a Vichy. Espantados, constatamos que muitos outros evacuados nos seguiam.

Reencontramos Vichy silenciosa e sombria.

Aguardava-se para qualquer momento a chegada dos alemães. Os precursores da invasão já haviam mostrado a cara na Prefeitura.

*

Às seis da tarde, as primeiras a entrar foram numerosas motocicletas, logo seguidas de equipamentos de artilharia, tanques, cavalaria e soldados rasos, e depois uma quantidade enorme de caminhões.

Começava a Ocupação de Vichy. À noite, toda a cidade comentava os milhares de banhos encomendados pelos alemães, não só nos hotéis mas até mesmo nas termas, e também o número incalculável de garrafas de champanhe consumidas.

Os ocupantes delegaram, naquele momento, a administração às autoridades francesas. Eles tinham mais o que fazer.

Uma grande quantidade de caminhões fechados atravessava a cidade com rumo desconhecido. Mas dava para ver no seu interior, quando as lonas se entreabriam para o carregamento de um novo butim, montes de mantimentos empilhados.

Um dia, uma turma de crianças esfomeadas se juntou ao redor de um desses caminhões. Vi que o veículo estava cheio de barras de chocolate Menier.

Os caminhões estacionavam com regularidade em frente ao matadouro, e os alemães eram observados retirando animais inteiros recém-abatidos. Depois, as donas de casa iam fazer fila na porta dos açougues para comprar fatias diminutas de carne.

Ainda estávamos, porém, na era dourada: carne todos os dias, até 75 gramas de cada vez.

A população de Vichy ainda levava uma existência autônoma. As pessoas se limitavam a evitar os ocupantes. Não entravam nos cafés que frequentavam. Saíam das lojas, largando a mercadoria no balcão, quando um deles cruzava a porta.

Os alemães tinham preferência pela compra de meias, mas em especial, diziam, “nada de seda artificial”. Nas confeitarias, comiam doces e sorvetes às dúzias e, pensando que ninguém os compreendia, exclamavam: “E dizer que não custa mais de quatro centavos! É para morrer de rir!”

Enquanto os soldados comuns compravam tudo o que encontravam nas lojas, os oficiais, radiantes em seus uniformes bem-cuidados, ocupavam os terraços dos grandes cafés-sorveterias e esvaziavam garrafas de champanhe desde a manhã.

Os ocupantes ainda não haviam aprendido “a arte de consumir”.

Os moradores locais, os refugiados e os soldados desmobilizados assistiam a esse espetáculo inusitado nas ruas. As pessoas se tornavam a cada dia mais irritadas, e tudo era motivo de reclamação: a vida dura, as dificuldades de abastecimento, o rigor da época, o futuro sombrio, o espetáculo cotidiano do inimigo, os chefes do governo e o abismo no qual se havia mergulhado.

A amargura tomava o coração dos franceses.

Essa amargura será como a maré montante da França invadida.

*

O belo prédio do Correio, orgulho dos moradores de Vichy, mantinha obstinadamente as portas e janelas fechadas. A multidão passava ali todos os dias "para olhar".

A alegria foi grande quando o Correio por fim foi reaberto, e primeiro foi possível enviar cartões-postais, e em seguida cartas. As pessoas escreviam sentadas ou de pé, diante dos guichês, e também do lado de fora do prédio, instaladas em bancos. Escrevia-se por todos os lados, todo mundo escrevia. Gente que jamais gostara de usar a pena expedia cartas naqueles dias de isolamento; todos tinham necessidade de se sentir junto da família, dos amigos, dos laços de união humanos.

Enviada a correspondência, tinha início a espera impaciente pela resposta. Na frente dos dois guichês abertos para entrega, de cinquenta a oitenta pessoas aguardavam da manhã à noite.

Um senhor idoso de lindos cabelos brancos, meu vizinho de banco no parque, também ocupava diariamente seu lugar entre os que esperavam. Apoiado em sua bengala, sempre ia embora de mãos vazias. Eu atribuía a decepção que ele devia estar sentindo à lentidão dos serviços postais.

– Nada ainda? – perguntei-lhe um dia, ao sairmos juntos do Correio.

– É que, na verdade, não espero nenhuma carta. Mas o tempo passa mais depressa no Correio, na companhia de outras pessoas, e fico animado quando estou na frente do guichê, esperando – respondeu ele, muito sério.

Um dia, um garoto de uns dez anos entrou na fila. Aguardou educadamente sua vez.

– Coitadinho – disse-me a senhora à minha frente (porque obviamente costumava-se bater papo). – Ele deve ter sido separado de sua família.

Ao chegar ao guichê, o garoto pediu ao funcionário um rolo de fita adesiva e levou uma bronca. O êxodo o trouxera até ali e, enquanto esperava ser devolvido à família, ele brincava de "carteiro" com outros meninos, precisando, para essa brincadeira improvisada, de fita adesiva para usar no lugar dos selos.

Uma senhora idosa chegou ao guichê para devolver uma carta que abrira e não lhe era destinada. O empregado perguntou:

– É a senhora Guilloux?

– Sou.

– Madeleine?

– Não, Marie.

– E por que a senhora ficou com esta carta?

– Vocês a entregaram, senhor, e o remetente podia ter se enganado.

– Como? Sua família iria se enganar? Então não sabem o seu nome? – indagou, severo, o empregado.

– Bem, o senhor sabe que nestes tempos de guerra a gente perde a cabeça facilmente.

– Quanto a isso, é verdade – disse o funcionário, conciliador.

O empregado do Correio, aliás, estava muito satisfeito com o papel que lhe cabia. Para cada carta recebida, um cigarro lhe era discretamente oferecido em sinal de reconhecimento, acompanhado de um sorriso cúmplice ou de um comovido "obrigado". Por outro lado, quantas explicações eram às vezes exigidas! "Por que tal carta ainda não chegou?" "É estranho que esteja demorando tanto!" "É a guerra", ele respondia invariavelmente, paciente, filosófico.

O Correio era não apenas o grande contato com o mundo, a invenção maravilhosa de onde chegavam a voz de um desaparecido, um apelo, uma resposta – ele igualmente preenchia as horas em que o vazio era esmagador. Provia os solitários de uma vaga esperança e gerava solidariedade humana entre os seres reunidos diante do guichê. As pessoas conversavam ao sair ou se cumprimentavam na rua.

A solidão daquelas semanas era um infortúnio terrível que marcava os rostos na estação de trem, no Correio, nos bancos, nos terraços, por todo lado.

*

Eu havia decidido voltar imediatamente de trem para Avignon. Mas no dia seguinte à Ocupação, o portão da estação foi fechado, e um aviso na parede anunciou a interrupção total do tráfego até nova ordem.

Passei a fazer uma peregrinação diária à estação.

Por dias infindáveis, o cartaz fatídico continuou lá. Através da grade, viam-se os trens que passavam, mas dia após dia a esperança de poder utilizá-los frustrava-se: ou eram trens para uso exclusivo dos alemães ou eram comboios de reabastecimento.

Tive a sorte de encontrar, naquela época de ocupação militar, um quarto na casa de trabalhadores ferroviários no limite da cidade. A pequena casa, fruto das economias de duas gerações de trabalhadores, era agradável, rodeada de flores; mas bem na frente dela fora erguido um imponente Matadouro Municipal. Toda vez que o vento soprava em direção à casa, trazia o odor acre de sangue. O dia inteiro e a noite inteira os animais emitiam lúgubres mugidos. Essa vizinhança me pesava sinistramente.

Assinado o armistício,[8] meus primos haviam retornado à Bélgica.

Fiquei sozinha, separada da família e dos amigos, perdida num abismo de tristeza.

As duas malas expedidas de Avignon chegaram quando eu já pensava na partida. Eu tinha adotado, em seis semanas, hábitos bastante primitivos, de modo que também as roupas recebidas me pareceram supérfluas.

O trânsito de viajantes foi finalmente retomado.

É impossível imaginar o que foi minha partida de Vichy!

Logo que se anunciou a chegada do primeiro trem – na realidade, pareciam vagões de carga –, milhares de viajantes se prepararam para partir. Refugiados que o êxodo havia largado ali por acaso, banhistas em busca de cura que a guerra surpreendera em Vichy, soldados desmobilizados, muitos deles feridos – toda aquela gente, retida na cidade durante semanas, agora queria ir embora. Muitos moradores de Vichy também planejavam deixar a zona ocupada para refugiar-se junto a parentes ou amigos.

Os viajantes se alojaram o mais depressa que puderam em frente e ao redor da estação, e também sobre o aterro ferroviário.

8 N.T.: O armistício com a Alemanha foi assinado em 1940 e dividiu a França em duas: a zona ocupada, ao norte, e a chamada zona livre, ao sul, com a capital em Vichy.

A Cruz Vermelha abrira, em locais diferentes, refeitórios onde se servia café, pão, queijo e frutas.

Refugiados e soldados comiam sentados no chão, os alimentos espalhados em cima de folhas de jornal. À noite, as mochilas lhes serviam de travesseiro.

Quando se anunciava a chegada de um trem, toda aquela gente se empurrava, abrindo caminho com dificuldade; às vezes, ao entrar na estação, o trem precisava desacelerar para dar à multidão tempo de desobstruir a via férrea. O chefe da estação gritava, gesticulava, agitava sua bandeirola, fazia soar um sino. As pessoas reagiam: "Tudo bem, tudo bem... Já vamos... Já vamos! Ele cria caso, o chefe da estação! A gente já esperou demais esse trem!"

Mas os trens chegavam sem anúncio prévio, trazendo a Vichy tanto soldados franceses desmobilizados e feridos quanto as tropas de Ocupação.

Quando o trem parava e vislumbrava-se a possibilidade de arranjar lugar, a corrida era generalizada! Em poucos minutos, todos os compartimentos, os corredores e até mesmo os tetos dos vagões eram invadidos. Verdadeiros cachos humanos penduravam-se dos estribos... Alguns subiam pelas janelas. Os que não conseguiam lugar eram condenados à nova espera, por horas e até dias. Voltavam aos acampamentos e aos jogos de cartas. "Não importa", diziam, filosoficamente. "Já esperamos seis semanas, aguentamos esperar mais um ou dois dias."

Todos estavam alquebrados, indiferentes.

Recebia de meu velho professor cartas amigáveis, encorajando-me a voltar a Avignon.

Um dia, carregando as duas malas, chegou minha vez de me instalar na plataforma. Uma mala me serviu de assento, sobre a outra coloquei a comida e um livro.

Jamais vou esquecer a entrada do trem na estação nem a viagem que se seguiu. O trem compunha-se de quinze vagões: na frente, cinco composições de passageiros, e depois dez vagões de carga descobertos, o piso coberto de palha.

Os refugiados saíram correndo, como de hábito, e viajaram aqueles que, mais fracos ou mais fortes, venceram a luta.

O trem já estava apinhado, quando as portas da sala de espera se abriram: os feridos, carregados em macas e cadeiras, ou se sustentando uns aos outros, entraram na plataforma.

O chefe da estação gritou: "Vamos liberar lugar para os feridos!"

Todos os homens válidos se levantaram e desceram. Os inválidos foram instalados nos compartimentos, deitados nos bancos ou sentados. Alguns, em estado mais grave, foram acomodados, para maior conforto, sobre a palha nos vagões de carga.

As enfermeiras anunciaram que ainda havia um determinado número de lugares livres para velhos, mulheres e crianças. Havia lugar para mim. Os que conseguiram subir se instalaram desordenadamente, esparramando-se por toda parte. Ficamos um bocado apertados, mas contentes.

O trem, por fim, partiu. Avançava muito lentamente. Na estação seguinte, nova corrida de viajantes! Dessa vez, todos os corredores foram tomados de assalto. Os soldados tinham enchido os porta-malas. Ouviram-se protestos: "Os lugares são dos viajantes, nada de bagagens! Vamos nos livrar delas na próxima estação!"

Fizemos fila diante do porta-bagagem de uma pequena estação desconhecida. Quem dispunha de bagagem a depositava com a autorização para fazê-la seguir, mas não sem apreensão: o futuro dela parecia bastante problemático...

O trem parava o tempo todo, por razões misteriosas que ninguém sequer tentava adivinhar. Alguns aproveitavam para esticar as pernas, depois de recomendar enfaticamente aos que não se moviam que guardassem seus lugares.

Apesar da lentidão da viagem e da posição incômoda, o tempo não me parecia passar devagar.

Olhando pelas janelas, os soldados falavam da terra para a qual retornavam. Um deles disse, com ar preocupado:

– Como é que eles se viraram? Já faltava mão de obra antes da gente ir embora!

– Ah, eles sempre se arranjam – respondeu outro. – Se a safra for boa!

– Por aqui parece que houve seca – contrapôs um terceiro, mostrando com um gesto largo os vastos espaços à frente.

– É, parece que eles se arranjam – suspirou sonhadoramente o primeiro, tirando do bolso uma foto.

– É o meu mais velho, veja. Já é um homem, e nada preguiçoso, nem no campo nem na mesa! Essa aqui é a patroa, daqui a pouco vai fazer cinquenta anos, mas ninguém diria!

– Não, ninguém diria – respondeu o outro, mostrando por sua vez a foto de sua Louise. Os outros viram como ela era bonita, mas fizeram elogios moderados. Era sua prometida, e não se brinca com essas coisas. É sagrado...

Um soldado puxou uma bolsa embrulhada em jornal, que pensava dar à esposa. Presentes escolhidos às pressas, um quarto de hora antes da correria para o trem, passavam de mão em mão. Entre eles, uma boneca pequena que um recruta imberbe levava para sua irmã de seis anos.

– Tive a ideia de comprar a boneca em Vichy porque ela se parece com a minha irmãzinha como se fossem gêmeas.

Todos riram. Ninguém falava de guerra nem de futuro.

As brincadeiras, as anedotas, as palavras atrevidas que antes vibravam nos vagões de terceira classe tinham desaparecido.

Ninguém falava tampouco dos dias medonhos.

Mas eles pesavam com toda a sua carga naqueles corações rudes de soldados, na dignidade das suas afirmações, nos seus olhares que seguiam campos e pradarias ao ritmo lento do trem.

*

Outros trens cruzavam com o nosso frequentemente; eram momentos de conversas, de troca de notícias e até mesmo de encontros providenciais.

Religiosas, enfermeiras da Cruz Vermelha e moradores das cidadezinhas vinham distribuir alimentos, bebidas, jornais, palavras de encorajamento.

E o trem retomava lentamente o movimento. Os soldados abriam seus bornais, tiravam lá de dentro pão e queijo, faziam circular suas latas de espinafre. Bebiam direto das garrafas, mas sem tocá-las com os lábios.

A solidariedade se manifestava entre aqueles viajantes de futuro incerto. Todos se entendiam, eram conciliadores, compartilhavam seus mantimentos, vibravam em uníssono. Ganhei um bom pedaço de queijo com uma fatia de pão preto.

Meu vizinho, um rapaz ferido, franzino e louro, quase uma criança, me ofereceu um pedaço de chocolate. À noite, dormindo, ele sofria tanto por causa de uma perna quebrada que a colocou sobre meus joelhos, e fiquei imóvel para não despertá-lo.

Não sei mais se a viagem durou dezoito ou 24 horas. Ao chegar a Avignon, todos fomos obrigados a passar a noite nos bancos da sala de espera: a multidão na cidade era tão grande que os serviços de segurança não deixaram ninguém sair da estação antes do amanhecer. Só os feridos foram levados aos hospitais.

No dia seguinte, fui ao encontro do meu querido professor, no aprazível Jardim Público. Sentado ao sol, como se ainda na véspera eu o tivesse visto pela última vez, ele me recebeu com a solicitude habitual, felicitando-me por meu aspecto excelente e gracejando sobre minha odisseia em Vichy.

Tive de contar a ele todas as peripécias que enfrentara. À medida que avançava no relato, ia sentindo com clareza que o deslocamento, no fundo desnecessário, não me decepcionara. É que ele me permitira conviver estreitamente com o povo francês, que manteve a alegria e o equilíbrio até mesmo no infortúnio.

Lamentei um pouco a perda de minhas malas, que não tinham reaparecido apesar da retomada do tráfego ferroviário. Três semanas mais tarde, contudo, depois de uma longa perambulação, elas vieram ao meu encontro, fiéis, da mesma maneira que já haviam se encontrado comigo em Vichy. Mas em que estado! As tampas em estado precário, as correias arrancadas, os cadeados enferrujados. Verdadeiras inválidas de guerra! Dentro delas, as roupas estavam cobertas de mofo. Mas não faltava nada, absolutamente nada.

Naquela ocasião, o empregado do guarda-móveis fez um comentário ao qual não faltou presença de espírito.

– Centenas de malas desaparecem – disse ele. – A senhora deu a maior sorte!

Não fora praticamente a mesma observação feita pelo funcionário da gare du Nord quando minha mala chegou a Paris? Ora, esta mala, sã e salva de uma forma tão milagrosa, tinha sido confiscada pelos alemães em Paris, sob o pretexto racial. O guarda-móveis acabara de me dar essa informação por um aviso postal que recebi ao regressar a Avignon.

V

AVIGNON

Agosto-novembro de 1940

A QUE PONTO a atmosfera de uma cidade pode mudar em poucas semanas!

Quando eu partira de Avignon em junho, a Provence, plácida e plena, exalava todo o seu encanto. No Jardim Público, os velhos dormitavam em doce beatitude entre as crianças que brincavam ao redor dos laguinhos. Na hora das refeições, os restaurantes espalhavam o aroma tentador de pratos nos quais o cheiro do alho predominava. À tarde, as moças enamoradas passeavam animadas. Os rapazes sorriam para elas, dirigindo-lhes galanteios. Gente tranquila por todos os lados. A cidade vivia, fora da guerra, sua existência calma e sem sobressaltos.

Agora, os bancos estavam ocupados por soldados; alguns tinham uma perna ou um braço enfaixado. Os feridos tomavam ar nas janelas e nos balcões dos muitos hotéis transformados em hospitais. Oficiais e soldados alemães, rígidos, percorriam as ruas. As máquinas de escrever faziam ouvir suas vozes metálicas saindo das janelas da prefeitura. Era a chamada comissão econômica que pulsava na tranquila cidade da Idade Média.

Em junho, o mercado transbordava de blocos de manteiga, frutas empilhadas, os mais diversos queijos, excelente carne fresca nas bancas dos açougueiros.

Agora, não se encontrava mais nem manteiga nem queijo. Havia acabado o bom humor e a conversa fiada das comadres.

O "regime das filas" estava em vigor no mercado e na frente das lojas. Nelas reinava um silêncio prolongado, interrompido de quando em vez por brigas e discussões.

Soldados franceses de todas as armas, desmobilizados, esperavam os trens que os levariam para casa. As partidas eram diárias. Os que viviam nas províncias ocupadas recebiam instruções que indicavam os trens a tomar, por ordem alfabética. Os das zonas interditadas deviam renunciar à esperança do retorno e eram encaminhados para moradias provisórias. Cartazes afixados na Prefeitura, jornais e rádio divulgavam essas instruções.

Desnorteados, desmoralizados, eles flanavam nos terraços dos cafés ou se deixavam estar nos bancos, tomando sol na frente do Palácio dos Papas. Tinham horror a falar da guerra. Era como se nada soubessem dos acontecimentos dos quais tinham participado!

Quando se perguntava a eles sobre a guerra, respondiam: "A guerra parece que acabou. Nos mandaram ir embora e fomos, mas não chegamos a lugar nenhum. Foi assim! É esquisito, o que a senhora quer que a gente fale? A senhora tem seus jornais, só precisa ler." E um deles apontou com um gesto o aparelho de rádio: "Olhe lá! Ele sabe mais do que nós e fala muito melhor! Ah, os desgraçados! Seria bem feito se tivessem de ficar quietos! Eles nos enfiaram numa enrascada!"

Um dia, à vontade, me instalei no Jardim Público para respirar o frescor matinal. Uma mulher veio se sentar ao meu lado. Tinha entre as mãos um missal e um terço. Bem ao estilo local, me dirigiu algumas palavras à guisa de cumprimento, e pouco depois começou a contar sua história.

Ela viera de Château-Renard para ver o filho, em tratamento na seção dos "traumatizados" do hospital. Em seguida aos bombardeios, ele tinha sofrido um choque nervoso. Reconhecia a mãe, mas parecia desequilibrado: falava de bombas, de sangue, de companheiros que tinha visto cair ao seu lado, e vivia verdadeiramente obcecado pelos dramas passados. Ela fora autorizada a lhe fazer companhia por duas horas, de manhã e à tarde. Como se conversasse com uma criança, falava com ele da cidade natal, de seus irmãos e suas irmãs, dos colegas de escola, dos animais da fazenda da família, tentando interessá-lo por tudo aquilo que ele parecia ter apagado da mente.

Revi essa mãe duas vezes. Contou-me que havia constatado melhoras.

Uma manhã, eu a encontrei conduzindo pelo braço um jovem soldado vestido com a roupa do hospital. Ela estava radiante...

Eles passaram; nunca mais os veria.

Na mesma época, a polícia de Avignon decidiu "organizar" os refugiados. Todos foram convocados à Prefeitura, e teve início uma nova fila, dessa vez sob um sol tórrido.

Virando e revirando os papéis, os policiais da aprazível cidade se consultavam, mas o faziam tão envergonhados que dava pena. Examinavam circulares e regulamentos, e davam informações, ordens e instruções um pouco ao acaso.

Depois de examinar meu passaporte, um deles me disse, em tom de interrogação:

– Aliada? A senhora é mesmo uma aliada, confere? Bem, isso está claro, confere? Ah, os poloneses! Esses sim é que foram corajosos na luta! Então está bem!

Concordei com todas as suas observações, é óbvio, e o carimbo da prefeitura foi estampado vigorosamente sobre minha autorização de residência. Era a época de ouro!

Dessa vez, minha permanência em Avignon prolongou-se de agosto ao final de novembro.

Eu ia com frequência à Biblioteca Municipal; meu interesse era a vida e a obra de Mistral. Sentado ao lado, meu professor estudava o mesmo autor no texto provençal, radiante por ser capaz de ler correntemente a língua original. A biblioteca dispunha da coleção mais completa de documentos relativos à história de Avignon.

À tarde, me instalava nas margens do Ródano e passava horas a fio olhando o curso impetuoso do rio. Ele carregava os objetos mais díspares, e até mesmo uma árvore que sua força parecia ter desenraizado. Ora a árvore revirava como um feixe de palha nos turbilhões, ora se erguia em toda a sua altivez, as folhas luzindo inúmeras gotas que brilhavam como diamantes ao sol.

No outono, o Ródano começou a subir a olhos vistos. O rio recobriu a terra adjacente, submergindo plantas e arbustos, esparramando-se como dono e senhor das margens, escalando os pilares das pontes.

O ar de Avignon se tornava cada vez mais frio. À noite, o vento açoitava raivosamente as janelas e as portas de aço, fazia vibrar as casas, sacudia as árvores com uma força titânica.

O mistral atacava os transeuntes com violência.

Conheci sua força num dia em que, depois de ter me empurrado ao longo de um bom trecho do caminho, o mistral me projetou contra uma árvore que ele sacudia de alto a baixo.

Meu querido professor, tão tranquilo, também foi atacado; declarou que sem dúvida iria fugir do mistral e partir para Nice, seu lugar favorito no inverno.

*

Nada me retinha em Avignon. Dos meus familiares, nenhuma notícia, nenhum sinal de vida. A nostalgia e a inquietude que me sobrecarregavam faziam-me desejar uma mudança de endereço.

Era necessário um salvo-conduto para Nice. O escritório onde se expediam os vistos situava-se num palacete elegante, antiga residência de um cardeal. Plátanos davam sombra ao pátio. No centro dele, uma fonte murmurante. Enquanto esperava, admirava as janelas e as portas adornadas por belíssimos motivos em ferro forjado.

Ao chegar minha vez de me apresentar ao gendarme[9] de serviço, quase lamentei ter de sair do lugar.

- A senhora é estrangeira? - perguntou o policial com seu forte sotaque local, e acrescentou: - Não há vistos para Nice para os estrangeiros, minha senhora. Nada a fazer!

À tarde, meu professor, acompanhado de seu afilhado, o sr. Olive, me encontrou no terraço do nosso café habitual.

Contei-lhe a decepção que tivera de manhã e exclamei, meio a sério, meio de brincadeira:

- Onde achar um francês para um casamento de fachada e ficar livre dessas complicações eternas?!

- A França acolhe estrangeiros em demasia, eis o problema - opinou sentenciosamente o sr. Olive.

Mudamos de assunto.

No dia seguinte, às cinco horas, nos reencontramos no mesmo terraço. Quando o sr. Olive chegou, estava radiante. De longe, gesticulou para nós e, ao se aproximar, sussurrou:

- Eu consegui, eu consegui, o futuro! Ele vai vir num instante.

Às pressas, nos deu explicações e conselhos:

- A senhora vai se afastar um pouco a fim de não se envolver na conversa preliminar. Vamos esperar lá dentro.

9 N.T.: Guardas da *Gendarmerie Nationale*, uma das forças militares incumbidas da segurança e da ordem pública na França.

Em frases entrecortadas, contou que encontrara um sujeito que podia "fazer o negócio" e marcara um encontro com ele às cinco e quinze.

– Aliás, lá está ele – exclamou.

E se precipitou para a porta:

– Venha, venha, caro amigo!

Vimos um velhote caminhando em passinhos rápidos, um septuagenário limpinho, apoiado numa bengala e tirando seu chapéu de palha. O sr. Olive fez as apresentações.

– Sr. Devitrolles, comerciante aposentado, atualmente pensionista no asilo da cidade, meu padrinho.

Do meu canto, assistia à conversa como espectadora muda.

– E então, sr. Devitrolles – começou o sr. Olive – como já expliquei, o senhor vai se casar com uma senhora que tem necessidade do seu belo sobrenome. O senhor vai receber uma certa soma, que lhe permitirá melhorar seu dia a dia no asilo. O senhor vai ganhar, além do combinado, o serviço completo: um chapéu preto e uma gravata para ir à Prefeitura. Mas imediatamente depois do casamento sua esposa partirá... O senhor entendeu bem, está claro?

– Está entendido – respondeu o velho, com seu sotaque provençal. – Mas eu preciso ver a senhora.

– O senhor vai vê-la, é claro – disse o sr. Olive – mas essa senhora estrangeira partirá na mesma noite do casamento.

– Uma estrangeira? – reagiu, interessado, o sr. Devitrolles. – Pelo menos ela não é de Auvergne, essa estrangeira? Porque eu não gosto nem um pouco do pessoal de Auvergne.

– Não, de jeito nenhum que ela é de Auvergne. Mas isso pouco importa, porque ela vai embora logo. Está entendido?

– Ela está com muita pressa, a senhora, minha esposa – observou o sr. Devitrolles.

– É, ela está com pressa, vai viajar para a América!

– Oh, lá lá! Vai ser dureza pra ela. É muito longe, as Américas.

– Pois é, bem longe – respondeu o incansável sr. Olive. – Mas ela viaja, e o senhor, logo, logo, vai voltar para o que está acostumado a fazer. Está bom assim para o senhor?

– Está bom pra mim, mas preciso ver a senhora.

– Sim, sim, o senhor vai vê-la. O senhor vai vê-la bastante – respondeu o sr. Olive com algum humor. – Aliás, ela tem quase oitenta anos e é um pouco corcunda. (Com esses detalhes inventados, o sr. Olive esperava desencorajar definitivamente o sr. Devitrolles, que parecia não ter entendido que se tratava apenas de um casamento de fachada.)

O sr. Devitrolles deu então uma resposta categórica e inesperada:

– Ah, então não me convém nem um pouco! É que a gente não está nem um pouco a fim de uma corcunda de oitenta anos! Ah, não e não, isso não é nada bom pra gente!

– Mas eu já disse que ela vai viajar! Que ela vai viajar! Que ela vai viajar! Estou me matando de tanto repetir isso para o senhor – começou a se exaltar o sr. Olive.

– A gente não quer nada com sua corcunda – interrompeu definitivamente o dr. Devitrolles, furioso, golpeando o mármore da mesa com a bengala.

Meu querido professor, não aguentando mais, caiu numa gargalhada homérica. Eu ria por trás do meu jornal. A cena dava uma reviravolta cada vez mais cômica.

Outros clientes começaram a se interessar pelo que acontecia.

O sr. Olive tinha perdido a paciência.

– O senhor é um idiota – vociferou.

O sr. Devitrolles, sem esquecer de engolir o restante de seu coquetel *chambéry-fraise*, levantou-se, pegou a bengala, o chapéu, e resmungando bateu em digna retirada.

O sr. Olive nos olhou como quem buscasse testemunhas.

– Não tem a menor graça – afirmou, realmente zangado. – Eu tinha descoberto um tipo sério, não comprometedor, instalado para sempre num asilo e ainda por cima dono de um sobrenome aristocrático, e aí a coisa emperra. Afinal, era um velho gagá, que falta de sorte.

O pobre rapaz esfregava o rosto. Depois, se acalmou e também decidiu que o melhor era rir.

Meu professor e eu tínhamos saboreado a comicidade desse entreato sintomático.

Os casamentos de fachada eram muito frequentes na França, um recurso absurdo que protelava as complicações por algum tempo. A validade deles foi cancelada em 1942.

VI

NICE

Dezembro de 1940

AMIGOS FRANCESES me enviaram um convite autenticado pela prefeitura de Nice e que resolvia todas as dificuldades: obtive imediatamente o precioso salvo-conduto.

Saí de Avignon em pleno inverno, deixando para trás frio, chuva e vento. A partir de Marselha, ingressei num mundo feérico. A Corniche se estendia ao sol com suas mimosas, se pavoneava de seus campos de cravos: por todos os lados, limoeiros, laranjeiras, oliveiras com seus frutos nos galhos destacavam-se sobre o fundo verde escuro das palmeiras. Um mundo exótico se estendia diante de mim entre o mar e o céu de um azul esplêndido.

Eu me sentia transportada a um país de conto de fadas. Estava deslumbrada. Ia para um paraíso terrestre!

Ignorava que também se aproximava a época mais dramática de minha existência!

Na gare de Nice, uma amiga de Paris me esperava. Seguimos até a rue de France, onde subimos num bondinho antiquado que se balançava de alto a baixo com grande estrondo de ferragens, e ela ia me pondo a par da vida em Nice. Levou-me até um hotelzinho à beira-mar no bairro de Sainte-Hélène.

O hotel, cercado de palmeiras e limoeiros, tinha todas as janelas voltadas para o vasto horizonte do mar.

Alguns dias depois, fiz contato com gente de Paris que tinha se refugiado em Nice.

Primeiro vieram as revelações penosas sobre tudo que havia sucedido na capital: bombardeio de Auteuil, ocupação, êxodo em massa!

Também fiquei sabendo das notícias terríveis sobre a zona ocupada e fui tomada de uma angústia desesperadora por causa dos meus.

As informações chegavam por meio de alguns jornais estrangeiros que ainda se encontravam na época. Entre eles, o semanário de Zurique, *Weltwoche*, desfrutava de grande popularidade.

Outras notícias, frescas, se propagavam boca a boca, cruzando as fronteiras, enfrentando a censura e os controles, mantendo-nos a todos palpitantes de horror. Naquele período, quase que só havia notícias desastrosas.

Também tomei conhecimento dos detalhes da vida local, de suas possibilidades e atribulações: a maior dificuldade era obter um visto de residência. As pessoas eram repelidas às centenas.

Depois de oito dias, munida de indicações e conselhos, me apresentei na Prefeitura. Ao me aproximar pelo quai des États-Unis e pela rue Saint-François de Paule, me achei de repente no meio de um esplêndido jardim de flores em buquês.

Era dia de mercado de flores! Encantada, abracei com o olhar o conjunto do lugar, depois parei na frente das bancas para admirá-las de perto. Cravos das espécies mais variadas dominavam a estação. Havia ainda, em 1940, frutas que completavam graciosamente aquele cenário (mais tarde, só nas árvores seria possível ver laranjas, limões e tangerinas; requisitadas, as frutas sumiram do mercado e das bancas).

A hora avançava. Apressei-me até a Prefeitura e vi uma longa corrente de pessoas imóveis. Ela contornava o prédio público.

Policiais iam e voltavam diante dos que esperavam.

Uma sensação de desfalecimento me tomou e por um instante hesitei em continuar. Mas era impossível recuar!

Assumi meu lugar na fila.

Eram duas horas da tarde. Às cinco, eu estava na frente do guichê. Pela primeira vez, tive a ideia de recorrer à recomendação que me fora dada pela Presidência do Conselho. Estendi meus papéis ao funcionário. Ele os percorreu rapidamente:

– Presidência do Conselho! Daladier![10] Nada disso está mais em vigor!

Era o indeferimento.

Mas as dificuldades administrativas foram contornadas por uma oportunidade que me favoreceu decisivamente. Vinte e quatro horas antes da data em que eu seria obrigada a deixar Nice, os dois jornais locais informaram que os hotéis, em plena crise por causa da guerra, tinham protestado contra as medidas de expulsão. A indústria hoteleira, em risco de naufragar, solicitava a concessão de autorização de residência aos estrangeiros. Ela se comprometia, em troca, a cooperar com os serviços de reabastecimento para evitar as dificuldades de suprimento.

Foi assim que, graças a circunstâncias imprevistas, pude ficar em Nice.

Meu hotelzinho era simpático e decidi permanecer lá. Durante todo o dia reinava ali um silêncio tranquilizador quebrado apenas pelo murmúrio do mar.

Na hora das refeições, porém, o prédio retumbava com o ruído das vozes. O sr. Thérive, diretor e *chef* da cozinha do hotel, um tipo musculoso, falastrão e muito autoconfiante, era

10 N.T.: Édouard Daladier foi presidente do Conselho da França três vezes, entre 1933 e 1939.

possuído pelo demônio da política. Dos aperitivos ao café, deixava o rádio ligado em tamanha altura que as notícias podiam ser ouvidas pelos vizinhos e até por quem passasse na rua.

Era justamente o rádio que lhe fornecia os assuntos para as polêmicas nas quais ele se jogava desenfreadamente. Em geral, a discussão ocorria entre as emissões, mas quando os interlocutores se exaltavam, a voz do alto-falante não os calava mais.

A sra. Marguerite, a patroa, uma mulherzinha apagada, doce e bastante simples, então girava o botão discretamente. Era comum que os polemistas nem se dessem conta disso.

O *chef* era inimigo declarado dos alemães e antissemita "por princípio".

O sr. Martin, oficial de Marinha desmobilizado e bonitão, tinha ataques violentos de raiva a cada opinião favorável aos britânicos. Ele costumava se retirar no meio da refeição para não ouvir tais elogios.

Um estudante, o sr. Petitjean, grande, esportivo, chefe de um acampamento juvenil de Nice, era colaboracionista convicto. Por qualquer pretexto mencionava os alemães, que eram, dizia, "o povo mais saudável da Terra". Saboreando as arengas antissemitas, ele remetia seus interlocutores ao *Mein Kampf*, do qual possuía uma tradução que emprestava de bom grado.

O sr. Huyard, coronel reformado da Primeira Guerra Mundial, se pronunciava contra essas ideias desmedidas, as quais, dizia, "poriam a perder a França, país do equilíbrio, da ponderação e da tolerância".

Os refugiados não se intrometiam nas discussões. Ofendidos pelas agressões indiretas, consultavam-se sobre as possibilidades de mudar de hotel e de ambiente; mas em todos os lugares falava-se de política com a mesma veemência.

Quando pensavam nas perseguições em vigor em vários outros países, sua própria existência lhes parecia quase invejável, e se calavam.

O orgulho já não era oportuno. Tratava-se de um luxo inacessível até mesmo para os franceses daquela época.

Felizmente, depois das refeições, o hotel recaía no seu silêncio habitual e sedativo.

*

Um dia, o sr. Thérive anunciou que os hóspedes que doravante quisessem fazer suas refeições na cidade aliviariam enormemente o seu trabalho. As dificuldades de abastecimento estavam se tornando insuperáveis para ele.

A partir de então, eu almoçava e jantava em restaurantes escolhidos ao acaso.

Fiquei conhecendo os velhos bairros de Nice, com sua população de linguagem pitoresca, e a cozinha muito especial do Midi.

A promenade des Anglais, com seus grandes edifícios que pareciam clínicas, vizinhos de blocos de apartamentos de um modernismo exagerado, seus quiosques e suas construções rústicas, era de um lugar-comum espantoso. O ambiente artificial da maioria dos cafés e de outros locais públicos era pesado, de uma tristeza que se poderia chamar de palpável.

Os ricos iam respirar o ar do cassino, lá perdendo grandes somas, sem sequer serem verdadeiros jogadores. Lembro de uma vienense dizendo, perturbada, ao marido:

– Meu pobre querido, o que é que houve com você, justo com você que sempre teve horror ao jogo?

– Jogo para esquecer; meus pensamentos me horrorizam ainda mais que o jogo.

Para matar o tempo, alguns faziam passeios e voltavam exaustos.

Nas *villas* e nos hotéis, as pessoas se entregavam ao *bridge* durante dias inteiros e entrando noite adentro, até o ponto do embrutecimento.

Outros preferiam ficar em casa ou visitar amigos para bater papo sobre política. Discussões inúteis, porque ninguém conseguia se orientar.

Um grande número de refugiados se preparava para emigrar. Contavam com um parente próximo ou distante, com um amigo, ou o amigo de um amigo, ou conhecidos estabelecidos em locais distantes do mundo e que os ajudariam, eles imaginavam, a concretizar seus planos.

Dedicavam-se a uma correspondência trabalhosa, às meias palavras; enviavam telegramas caros, solicitavam *affidavits* e vistos, recebiam respostas, requisições, questionários, circulares que geravam uma nova onda de correspondência.

Em seguida, permaneciam durante manhãs inteiras diante dos consulados, para serem informados de que tal ou qual documento estava faltando, ou não atendia as exigências, ou era inexato. Quando alguém saía com um visto, olhavam-no como a um fenômeno, uma pessoa de sorte!

As partidas eram pouco numerosas.

Empresas, agências e escritórios de emigração davam informações, encarregavam-se de formalidades, prometiam mundos e fundos. Recebiam adiantamentos e depósitos pagos por refugiados entusiasmados e pródigos. As promessas, no entanto, jamais eram cumpridas. O emigrante se via roubado; mas tinha vivenciado ao menos um período de esperança.

Meus afetos e vínculos me ligavam à Europa, e não fiz tentativas de emigrar.

A existência tinha se tornado, para todos, desalentadora e desanimada... Assim, havia momentos em que caíamos numa indiferença morna, numa inércia completa.

Quando ficava com vontade de ver gente, só precisava ir até a promenade des Anglais. Bastava me sentar nos locais de descanso do boulevard Gambetta, do cassino ou do jardim Albert I para encontrar "conhecidos", cujos nomes eu muitas vezes não lembrava, ou para conhecer gente nova. Aquelas pessoas perdidas e desalojadas desejavam romper um silêncio excessivamente pesado, fosse para aliviar através das confidências suas graves preocupações, fosse para conversar e assim se informar sobre os acontecimentos políticos ou a história de outros refugiados. Tudo era preferível a definhar no isolamento.

Um dia, uma senhora polonesa de 72 anos me contou seu êxodo, em que tinha perdido a família inteira. Ela estava meio desorientada.

Conheci também, num banco de jardim, uma norueguesa cujo marido tinha fugido no momento em que seria feito refém. Ela o havia reencontrado na Suécia, e depois eles tinham vindo... para Nice! Ambos agora sonhavam em se transferir para a Inglaterra, onde ele queria se alistar. Ela o seguia em todas as suas peregrinações.

Um milionário holandês aguardava a ajuda de amigos da América: estava sem recursos.

Um velho casal de diamantários, os dois juntos somando 150 anos de idade, partira da Antuérpia com algumas pedras preciosas costuradas no forro das roupas, e queixava-se, para quem quisesse ouvir, pela perda de sua grande fortuna. Ingleses e americanos, morando em palácios, passeavam e faziam turismo até que seus respectivos governos ordenaram que voltassem para casa no primeiro navio de saída.

Solitários de todos os países, separados de suas famílias, paravam na frente do cassino e das vitrines das lojas, ao acaso das ruas e dos lugares. Sentavam-se nos bancos e nas espreguiçadeiras de aluguel, enchiam as salas e os terraços dos cafés da manhã à noite.

Os judeus, vindos de todos os países ocupados e convertidos em deslocados sem destino nem esperança, viviam cada vez mais inquietos e agitados.

O que pesava mais, o que aniquilava toda a energia e toda a resistência, era a ociosidade.

Uma manhã, eu estava sentada em frente ao mar, ao lado de uma mulher jovem de tipo eslavo pronunciado e rara beleza. Ela tricotava. Ao cabo de alguns minutos, falou comigo. Depois de lançar um olhar furtivo ao nosso redor, virou-se para mim e confidenciou, sussurrando-me ao ouvido, que tricotava para ganhar a vida. Pediu que recomendasse seu trabalho quando tivesse oportunidade, e ao mesmo tempo implorou que não a traísse, como se o seu trabalho fosse um delito! Era assim, entretanto. Eu mesma tivera essa experiência.

Descobri na rue Gioffredo um velho livreiro. Entre as bancas de livros usados, conversávamos. O homem estava mais interessado em seu comércio do que em seu ofício. Falava comigo de descontos, vantagens, papelaria, clientela, dureza da época. Eu o ouvia enquanto ia examinando seus volumes empoeirados e constatando a existência de exemplares raros entre eles. Disse-lhe que gostaria muito de classificar seus livros. Percebendo sua hesitação, acrescentei que se trataria, bem entendido, de um trabalho voluntário, no interesse da bibliofilia. Ele concordou entusiasmado.

Com uma carta dele nas mãos, rumei para o serviço competente a fim de pedir informações. Um funcionário de aspecto gentil fumava seu cachimbo no meio da papelada acumulada. Mostrei-lhe a mensagem do buquinista, junto com meu documento de livreira.

– "...trabalhou em benefício da França... dar todas as facilidades..." – ele se pôs a ler a meia-voz.

Mudando de tom, arrematou:

– Não há autorização de trabalho para estrangeiros! Quanto à sua recomendação... a senhora sabe! A Presidência do Conselho de 1939! É bastante comprometedor!

E acrescentou, reprovando:

– Todos esses estrangeiros! Comem o nosso pão e ainda por cima querem trabalhar aqui.

Anotou meu nome e endereço. Fui embora muito inquieta. E com razão! Minha iniciativa resultou em duas visitas sucessivas de um policial de bicicleta, que veio se certificar de que eu não trabalhava.

Os hóspedes do hotel ficaram muito intrigados com tais visitas misteriosas.

– É um visto de saída que ele traz? – perguntou um, meio invejoso.

– É uma ordem de expulsão? – indagou outro, meio penalizado.

No fim de janeiro de 1941, o sr. Thérive decidiu fechar definitivamente o negócio.

– Agora só existem pensões e hotéis de luxo, de todos esses judeus que podem mantê-los – ele suspirou.

– Como? – espantou-se alguém. – A grande indústria hoteleira está nas mãos dos judeus?

– Não foi isso que quis dizer. É que chamo de judeus todos os que se dão bem – replicou o sr. Thérive.

– Veja bem, sr. Thérive, o que o senhor afirma não combina com sua dignidade – protestou o coronel. – É uma iniquidade falar mal de indivíduos que são bons franceses, como o senhor e como eu, e além do mais o senhor está ofendendo seus hóspedes israelitas que se refugiam conosco na França.

– Mas estes, bem, para estes eu abro uma exceção. São pessoas de moral adequada – respondeu o sr. Thérive, magnânimo.

Sabendo que os refugiados viviam consumidos pela ansiedade e a apreensão crescentes, isso lhe garantia, na relação com eles, uma liberdade que não se preocupava em poupar suscetibilidades.

De inteligência medíocre, ele fracassava regularmente em todos os seus empreendimentos, e os insucessos tinham tornado a sua alma invejosa. "Os judeus sempre estiveram entre os afortunados", dizia o sr. Thérive. Deixava-se assim convencer completamente pelas teorias raciais.

*

A propaganda alemã se manifestava intensa e livremente na França de então, influenciando a imprensa com toda a sua força. Muitos jornais franceses explicavam com entusiasmo as teorias nazistas. Alguns dedicavam a estas tal admiração, aliás, que era impossível duvidar de sua sinceridade.

A julgar pelo grande número de páginas expondo o "problema" judaico, ilustradas por uma abundância de caricaturas, todas as desgraças da França, desde a falta de preparo até a derrota, eram imputáveis exclusivamente a Israel.

O rádio, sob inteiro controle dos alemães, não somente transmitia cotidianamente injúrias contra os judeus contemporâneos; foram lançadas séries de programas didáticos que divulgavam a história dos hebreus e provavam a ignomínia e os malfeitos desse povo já muito antes da nossa era.

Livros, brochuras e folhetos eram distribuídos gratuitamente, e as caricaturas eram coladas nas vitrines das lojas, nas fachadas das redações dos jornais, nas paredes dos prédios, nos muros, em todos os espaços das ruas.

Os refugiados testemunharam toda essa propaganda alemã desde 1933 e viram a ameaça vir à tona.

Um dia, tendo tomado o ônibus na place Wilson, vi quando um jovem entrou para distribuir panfletos. A maioria dos passageiros os recusou. O rapaz gritou:

– Mas é grátis!

– Mesmo grátis, não queremos – respondeu alguém.

Outro passageiro acrescentou:

– Cai fora, vai pra Alemanha!

Todo mundo riu. Uma lufada de ar francês acabava de passar.

Outros agitadores dedicavam-se à propaganda em locais públicos: cafés, restaurantes, bistrôs, no porto, nos bancos.

Eis um incidente ao qual não faltou graça. Num pequeno restaurante da rue de France, um indivíduo louro, muito bem-vestido, na casa dos trinta anos, falou em voz alta, dirigindo-se ao salão inteiro:

– Estamos fartos de todos esses estrangeiros – ele gritava. – De todos esses estrangeiros, e principalmente dos judeus!

Um operário de tez morena, olhos sorridentes, macacão azul, retrucou:

– Ei, cara! Ô compatriota! Você está chegando da Alemanha? Então paga uma rodada pra gente. Você deve ter ganhado uns trocados pra ficar aí gritando que nem um camelô.

As pessoas riram. O provocador se apressou em pedir a conta e a sair prudentemente.

– Seu imbecil, se manda de uma vez – prosseguiu o operário, o ar sério. – Vendido!

*

A suavidade do Mediterrâneo me parecia imutável. Qual não foi minha surpresa, portanto, quando no final de janeiro aquele mar de um azul profundo foi tomado de repente por verdadeiros golpes de fúria.

A tempestade desabou à noite. Pancadas violentas contra as persianas despertaram todos os hóspedes, que se reuniram no terraço. As pancadas que ouvíamos provinham das árvores que, sacudidas, vinham bater nas janelas. O solo do jardim ficou recoberto por uma capa esbranquiçada: era a espuma descarregada pelo mar que chegava até os degraus da escada. Ondas da altura de uma casa quebravam na alameda, desmanchando-se contra os muros dos hotéis e das mansões.

Pedras eram projetadas em todas as direções; o mar derrubava grades, devastava gramados e canteiros de flores, enquanto a tempestade deitava abaixo as árvores, arrasando tudo em seu percurso.

Durante 48 horas, a alameda ficou completamente submersa; ninguém se arriscava a ir até lá, temendo se ferir ou ser carregado pelas ondas. A água penetrava nas ruas transversais, inundava os jardins, os pátios e os porões.

Foi só depois desse período que o mar se retraiu, e a alameda devastada reapareceu, juncada por árvores e destroços de toda sorte: galhos e vidros quebrados, bancos e cadeiras partidos e, por todos os lados, montes de pedras.

O sol voltou a brilhar, fazendo resplandecer milhares de raios sobre a terra e o mar.

O Mediterrâneo recuperara sua tranquilidade indolente, seu aspecto de ondulação azulada... Era como se quisesse que o perdoassem pelo humor dos dias anteriores.

A baía dos Anjos ria para os anjos. Era a paz, era a primavera.

Mas a paz dos homens ainda não tinha voltado...

*

Hospedara-me por três meses na pensão do *seu* Thérive. O aviso do fechamento próximo me obrigou a procurar outro lugar. Dessa vez, aluguei um quarto num hotel situado na colina.

O parque do hotel, plantado com palmeiras, enfeitado por belos canteiros floridos, espalhava seus aromas e suas sombras.

Fiquei hospedada ali do início de fevereiro de 1941 até 27 de agosto de 1942, uma data fatídica.

Um elevador levava, em tese, ao quinto andar. Com um único inconveniente, no entanto: ele jamais funcionava. A direção explicava que uma engrenagem do motor enguiçara. Procurada por todo lado, não fora encontrada. Em resumo, era preciso subir a pé os cinco andares. Ao chegar ao último degrau, eu esquecia o cansaço, pois me sentia amplamente recompensada pelo panorama que se abria à minha frente.

Conseguir mantimentos já era então uma tarefa árdua. Como eu mesma cozinhava minhas refeições, desde cedo fazia fila na porta das lojas e, nos dias de mercado, diante das bancas da place Sainte-Hélène.

As duas fatias de carne semanais, o ovo mensal, as frutas e os legumes provocavam essa sucessão de movimentos. Munida de meu cartão de abastecimento, protegida do sol por um chapéu de palha, com duas cestas de compras nos braços, entrava na fila entre donas de casa, crianças, jovens, velhos, senhoras elegantes, banhistas que tinham jogado uma saída de praia sobre o maiô para fazer compras, mulheres com dois filhos no colo, sem contar as crianças agarradas às suas saias, às vezes "emprestadas" para que elas entrassem na categoria de famílias grandes e fossem as primeiras a ser atendidas. Aferrava-me a meu posto, um livro na mão, de sete às onze da manhã. Essas longas horas em pé reservavam canseiras e decepções.

Uma vez comprados os alimentos racionados, era preciso sair em busca de frutas e legumes, produtos excluídos das cotas. Os comerciantes afixavam na frente das lojas, por ordem da polícia, a quantidade de produtos que haviam chegado, para em princípio distribuí-los de acordo com o número aproximado de clientes. Era uma medida lógica, mas de impossível controle na prática. O cartão de abastecimento não indicava, de fato, que o cliente tinha sido atendido. "Seria complicado demais, isso nos obrigaria a ter toda uma contabilidade, a instalar um escritório" – afirmavam os comerciantes, realmente esgotados.

Os fura-filas aproveitavam para fazer compras com cartões que pegavam emprestados de várias famílias. Os clientes que iam embora de mãos vazias protestavam, ameaçavam "arrebentar tudo". Não obstante, em geral, se deixavam ficar por ali, acomodados. As pessoas estavam tão exaustas devido aos esforços cotidianos que não podiam iniciar uma revolta.

Mais de uma vez, voltei para casa sem nada nas mãos, como tantos outros.

*

Depois da derrota, chegou ao auge a desorganização das vias férreas, bem como a de todos os outros meios de transporte. Também o suprimento de alimentos se tornara completamente caótico.

No momento da proclamação do armistício, as autoridades, os estatísticos e a imprensa afirmaram que, uma vez restabelecido o funcionamento normal das redes rodoviárias e ferroviárias, a França poderia alimentar a população graças à abundância de seu império colonial.

Enquanto o inimigo avançava com firmeza metódica, dificuldades imprevistas surgiam para entravar a realização desse projeto.

O confisco de veículos pela Ocupação, a divisão do território em várias zonas isoladas entre si (as zonas "interditadas" eram inalcançáveis), as dificuldades de importação de além-mar, o bloqueio, a falta de mão de obra, que tinha sido deportada ou presa, aniquilaram as promessas feitas à população francesa.

Outra consequência imprevista da Ocupação: as autoridades alemãs faziam incursões pelo país e, por causa do seu câmbio muito vantajoso, pagavam aos produtores preços até então desconhecidos. Essas requisições diretas tiveram efeitos gravíssimos sobre o equilíbrio econômico nacional.

Os produtos desapareciam como por encanto. Um exemplo me impressionou muito.

Na minha primeira vez em Vaucluse, encontrava-se em qualquer lugar manteiga de qualidade, os mais variados queijos, uma grande oferta de frutas, veículos carregados de legumes.

Quando voltei de Vichy, a comissão econômica alemã fincara sede em Avignon e dali estendia sua ação para o campo. Era preciso fazer fila, e os preços subiam sem parar. Os camponeses e comerciantes diziam: "Eles nos compram tudo sem escolher e sem se importar com os preços. Em troca, a ordem de Vichy é não recusar vender a eles e aceitar seu papel-moeda! E a polícia deles nos vigia!"

A alta de preços, já desencadeada pela guerra, foi a partir daí vertiginosa.

Os hoteleiros, os *restaurateurs*, os donos de pensões e os moradores ricos passaram a procurar diretamente os camponeses e produtores, oferecendo-lhes os preços do ocupante.

Mas a população, que continuava a esperar na frente das lojas e das bancas do mercado, também passou a procurar cada vez mais os produtores. As pessoas saíam para o campo em expedições de compra.

Como essa era uma atividade proibida, voltavam para casa, depois das compras dissimulando em bolsas, cestas e malas as frutas e os legumes que tinham conseguido encontrar.

Para conter a alta de preços, as autoridades tentavam medidas incoerentes. Decidiam da noite para o dia taxar os produtos, mas em vão, porque com isso não cortavam o mal pela raiz.

Assim, as requisições em massa do inimigo, a falta de mão de obra, as dificuldades de transporte, o bloqueio, as absurdas taxações oficiais e o desprezo às prescrições "legais" ditadas pela Ocupação resultaram em uma alta desproporcional ao "*standard*" de vida. Todas essas razões combinadas e complexas estimularam o mercado negro.

A longo prazo, criou-se um mecanismo que favorecia os espertos, os capazes de expedientes e os donos de certas habilidades.

Fabricantes e artesãos seguiram a alta e se engajaram, por sua vez, no sistema de troca direta. Faziam-se pagar em gêneros alimentícios e em mercadorias pelos produtos que fabricavam. Era o escambo. Este acontecia em escala cada vez maior, como uma espécie de compensação ao mercado negro.

Mercado negro e escambo se implantaram solidamente.

Tive acesso, em 1943, a uma brochura clandestina sobre o abastecimento na França. Nela se explicava que 80% da população francesa recorria aos métodos proibidos, e 20% vegetavam miseravelmente, segundo o sistema oficial de cupons.

Circulava uma anedota: "Jean acaba de morrer! - Ele estava doente? - Não exatamente, mas o infeliz vivia apenas dos cupons, então você sabe como é!"

A propaganda alemã aproveitou-se da situação originada pela derrota, pelos encargos do armistício e, acima de tudo, pela Ocupação, que literalmente esvaziou todas as reservas do país, para responsabilizar os refugiados de raça judaica.

Ora, no final de 1942, os judeus, deportados para os campos de concentração, haviam desaparecido da vida econômica. Mas o mercado negro florescia em toda a França.

Na zona ocupada, de onde os judeus foram deportados desde a invasão, e especialmente em Paris, o mercado negro era um sistema organizado. Uma instituição quase oficial. Nenhuma medida governamental jamais o aboliu.

*

O hotel La Roseraie devia ter se chamado Arca de Noé.

Hospedavam-se lá refugiados de nacionalidades e classes sociais as mais diversas. Era um mundo completamente heterogêneo que tinha em comum a expectativa da paz.

Minha vizinha de quarto à direita era uma espanhola republicana refugiada no Midi havia muitos anos. Saía cedo e voltava tarde. Mal a víamos. Sua palidez incomum, que chamava a atenção desde que se via a mulher pela primeira vez, se acentuava cada vez mais. Parecia sofrer de nostalgia. Apenas no dia de sua morte soubemos que sucumbira progressivamente à inanição. Havia murchado em silêncio, sem queixas e sem jamais ter pedido nada aos vizinhos.

À esquerda, vivia um casal de judeus, donos de uma conhecida fiação de Mannheim. Eles aguardavam vistos para a Palestina, onde já vivia sua filha.

O carteiro me entregava, na ausência de ambos, os telegramas que lhes eram destinados, e foi assim que nos aproximamos. O quarto deles estava cheio de malas e maletas, todas fechadas e etiquetadas. Eles me confidenciaram que guardavam as bagagens prontas havia dois anos. Um dia, me anunciaram que não tinham mais paciência de esperar em Nice e iam partir para Marselha a fim de embarcar mais depressa, esperavam, no navio que os transportaria. Ainda recebi duas cartas de Marselha. Desde então, ignoro o que houve com eles.

Eles me deixaram, ao partir, todos os seus utensílios de cozinha: três panelas, cinco pratos, vários copos, talheres. Essa doação permitiu que eu convidasse alguns colocatários.

Fiz assim relações que se tornaram, a longo prazo, boas amizades.

No meu andar também viviam, ademais, dois estudantes desalojados, ávidos por proteção materna.

Um deles, o sr. Charles Guyot, de Lyon, baixinho e franzino, era espirituoso da cabeça aos pés. Quando sua cidade foi ocupada, participou de manifestações com um grupo de colegas e logo foi obrigado a fugir. Vivia em Nice com nome falso. Com ar sério, vivia gracejando e divertia todo o hotel. O outro, Daniel Léger, protestante e parisiense, era filho de uma judia romena convertida, cujos olhos herdara, e de um pai francês, médico em Paris. No contato com os ocupantes alemães e seus métodos de perseguição, Daniel Léger desenvolvera uma neurose que Nice não conseguia curar. Vivia inquieto, acreditando-se perseguido.

Amigos, os dois estudantes faziam suas refeições juntos, nos mesmos restaurantes modestos, que sempre trocavam por outros, na esperança de encontrar coisa melhor. Ao voltar ao hotel, eles delicadamente mendigavam dos vizinhos de andar uns poucos suplementos para "fazer uma boquinha", como diziam. O que as pessoas lhes cediam de bom grado. Reconhecidos, eles traziam, sempre que conseguiam, ou muitos quilos de cebolas, ou muitos quilos de laranjas, e por vezes até mesmo sua ração de vinho. As doações eram acolhidas por aclamações: cebolas e laranjas eram igualmente apreciadas. Eles também davam mais: um, suas tiradas engraçadas, o outro, seu espírito de discussão a respeito dos grandes problemas. Nas reuniões em que se falava de política, analisavam-se os acontecimentos e vislumbrava-se o futuro, reuniões que eram também uma espécie de salão literário onde se discutia um livro, um poema, um concerto. Essas horas reanimavam a atmosfera muito deprimente.

Eu compartilhava a "presidência" do quinto andar com uma vienense, a sra. Elsa von Radendorf, que ocupava ali o melhor quarto. Mulher culta, tinha abandonado a Áustria por opor-se ao movimento nazista. Seu mérito era ainda maior porque passara dos sessenta anos, idade em que as comodidades de um lar confortável costumam ter primazia sobre as considerações doutrinárias.

Sempre em movimento, ela dividia seu tempo entre duas ocupações diametralmente opostas: escrevia uma obra documental sobre a origem e o desenvolvimento da arte das rendas, e oferecia, além de conselhos e proteção, seus serviços de administradora e enfermeira aos jovens do hotel. A qualquer hora, podia-se degustar no quarto dela um copo de vinho ou de licor, prazer a cada dia mais raro.

Criamos um vínculo. Primeiro, as dificuldades de provimento geraram entre nós uma concordância de preocupações: ajudávamos-nos, indicávamos uma à outra as fontes e os meios de abastecimento. Com o tempo, ficamos amigas.

Essa senhora vienense, que morava no hotel havia um ano, me contou que o quarto andar era ocupado por expatriados poloneses: um casal de aristocratas, um ator famoso, um literato não menos conhecido, um crítico de arte e dois políticos. Eles levavam uma vida à parte; amavam discutir e faziam projetos de futuro. Algumas compatriotas elegantes e silenciosas tinham acesso a esse oásis eslavo, andar do devaneio e da cortesia, onde se ouvia o ronronar das consoantes da língua polonesa.

O terceiro andar era o dos emigrantes. Todos eles judeus educados - advogados, médicos, professores - que passavam o tempo a preparar sua emigração posterior. A cada partida, aqueles que ficavam recuperavam a coragem e aguardavam sua vez com uma nova reserva de paciência.

Um hóspede septuagenário tinha conseguido passar com dificuldade pela linha de demarcação. Ele viajara em companhia do filho, mas os dois se separaram ao chegar à zona livre. Quando o velho soube que o filho havia sido capturado e enviado ao campo de concentração de Drancy, caiu num profundo abatimento. Os vizinhos do hotel combinaram distrai-lo: uns o levavam à alameda, outros o visitavam para reconfortá-lo. Mas o sr. Samuel Mendelsohn soube enganar o generoso grupo que o cercava e, uma noite, se enforcou na janela do quarto. A porta foi lacrada, e desde então as pessoas passavam com pressa por aquele andar. Sentimos o fim trágico desse vizinho como um exemplo brutal da sorte que poderia se abater sobre cada um de nós.

Em contrapartida, o segundo andar era animado pela presença de um príncipe hindu. Grande apreciador de música e dança, colecionador de discos e livros, ele enchia o andar de sonoridade e mistério.

Ao contrário de todos nós, o príncipe hindu não vivia apenas de esperança e futuro. Ele declarava ter uma existência rica e plena, destinada à beleza, à natureza, à harmonia. Cortês e afável, prestava favores a todo mundo, à maneira desinteressada de um grande senhor.

Os outros locatários do andar eram clientes que tinham vindo a passeio, uma casta especial que os outros ignoravam. O pavimento guardava, portanto, a marca do príncipe exótico.

No primeiro andar, reinava a todo-poderosa direção, que exercia sobre os locatários uma ditadura absoluta. Ao lado dela, um só quarto, o mais belo, era alugado a um personagem misterioso. Eslavo, com certeza, muito louro, olhos muito azuis, de uma elegância refinada, tinha não somente o aspecto mas também a alma de Narciso. Cercava-o uma espécie de corte composta em sua maioria por russos brancos, na qual predominava o elemento feminino. Ele exercia múltiplas atividades com apoio dos seus súditos: intermediário na venda de joias, e igualmente especialista em imóveis, terrenos, automóveis, objetos de arte e bugigangas. Organizava, às vezes, festas ruidosas que terminavam em cenas violentas.

No início de 1942, uma faxina inusitada no nosso andar, apelidado de "junto às nuvens", anunciou a chegada de um novo e importante locatário. Uma bela manhã, com efeito, um capelão veio se instalar num luxuoso quarto com vista para os Alpilles.

Ele chegou de bicicleta, com o brio de um cavaleiro. Era um homem na faixa dos sessenta anos, grande, físico imponente, afável e jovial. Tinha sido capelão no *front* de 1914 a 1918 e, a despeito da batina, conservava a postura militar.

Sua generosidade contrastava com as maneiras marciais. Era caridoso e, embora em tudo se entregasse à Providência, costumava afirmar: "Se nos ajudarmos, Deus nos ajudará". E ele de fato ajudava, sem hesitar, qualquer pessoa que o procurasse.

Conheci-o de forma não convencional: tendo escorregado num degrau, fui me estatelar no patamar abaixo, em meio às batatas que trazia do mercado. Com o ruído da queda, meu reverendo vizinho saiu precipitadamente e, bom samaritano, me ajudou a alcançar o lar, não sem antes ter recolhido o conteúdo de minha cesta. As contusões eram dolorosas: o senhor capelão, que já vira gente ferida na vida, enfaixou meu dedo inchado e em seguida me confiou à supervisão da vizinha vienense.

Na semana em que precisei ficar de molho no quarto, ele vinha com regularidade averiguar como eu estava. Passei a lhe devotar um reconhecimento profundo, que manifestava à moda da época, isto é, trazendo-lhe bebidas quentes na estação fria.

Assim transcorreu o inverno de 1941-1942.

*

Nesse período em Nice, os momentos de revisão dos documentos de identidade eram os mais temíveis.

Oito dias antes de expirar a validade da autorização de residência, os estrangeiros deviam se apresentar na Prefeitura com seus documentos, e se exigia que fossem em papel timbrado.

Eles ocupavam seu lugar na fila, na rue Gioffredo. Essa rua tinha uma corrente de ar peculiar, espécie de ventilação para uso de quem lá parava de pé durante horas. Nos dias de chuva e vento, era um verdadeiro suplício.

Ao entrar finalmente no prédio, em grupos de dez a quinze, nos apresentávamos a uma moça sentada numa mesa apinhada de arquivos e pastas amontoadas. A moça era morena, de porte médio, com gestos enérgicos. Tudo nela transpirava uma segurança que contrastava com a atitude apreensiva dos refugiados.

Ela examinava os documentos, interrogava em tom imperativo, falava por monossílabos, tomava notas rápidas e jamais respondia às perguntas ansiosas. Olhava o suplicante com o olhar funesto de uma Parca, dona e senhora do destino humano. Quando tinha diante de si um interlocutor especialmente abatido, humilhado e ansioso (entre eles havia velhos e doentes, porém todos, até os jovens, sentiam-se mais ou menos desorientados), um sorriso irônico tomava seu rosto.

Os refugiados a chamavam de "a nazista". Temiam-na. Ela não ignorava seu poder sobre aqueles milhares de náufragos, e seu rosto mantinha a expressão arrogante.

Consultava os arquivos e decidia com autoridade. Prolongava as autorizações de residência em um mês, ou em três meses, convocava a pessoa a voltar várias vezes, exigia um documento suplementar, a recomendação de um cidadão francês, um atestado médico. Nesse meio tempo, ela guardava os papéis, deixando ainda mais apreensivos os solicitantes, que ficavam com uma espécie de recibo.

Era comum que documentos obsoletos fossem declarados sem validade e confiscados. Impossível renová-los, pois as comunicações com os países ocupados pelos alemães tinham sido interrompidas, e os consulados estavam fechados ou completamente desautorizados.

Louco de inquietação, o interessado passava então a importunar a delegacia para pedir conselhos, informações e apoio, e acabava agregando novas solicitações em papel timbrado - solicitações que eram, mais do que qualquer coisa, súplicas. Ali o indivíduo expunha toda a sua angústia, sua situação sem saída, e de novo informava que tinha meios de subsistência, ou estava gravemente doente, ou incapacitado, ou sei lá mais o quê!

Nessas circunstâncias difíceis, alguns apelavam a comerciantes ou a consultores ocasionais frequentemente desonestos. Outros procuravam médicos, consultavam especialistas, iam falar com cirurgiões. Uma senhora do nosso hotel me disse um dia, radiante:

- Não tenho nada a temer. Vou ganhar minha autorização de residência: preciso ser operada!

Quando não conseguiam se livrar dos embaraços, os refugiados caíam em situação irregular e ficavam expostos ao perigo das medidas policiais.

Enfrentei essas vicissitudes como todo mundo. A autorização de residência "até o término das hostilidades", que me tinha sido concedida em 1939, foi anulada após o armistício: a Presidência do Conselho foi extinta, e as recomendações dos seus funcionários não eram consideradas válidas pelas novas autoridades.

Os procedimentos penosos, esgotadores, tinham por vezes seu lado cômico.

A cada pedido de prorrogação da autorização de residência, o solicitante devia provar a posse de meios de subsistência suficientes: conta em banco, subvenção do exterior, dinheiro líquido. Neste último caso, o interessado devia trazer seu capital para apresentá-lo ao funcionário responsável pelo controle. Quando a soma disponível não alcançava o mínimo exigido, o que era usual, a pessoa pedia dinheiro emprestado aos amigos, conhecidos e vizinhos a fim de fazer a comprovação. Na saída, o dinheiro era devolvido aos credores, que às vezes ficavam à espera ali mesmo. Os funcionários nem sempre se deixavam enganar. Um dia, um deles, gracejando com ar de sonso, disse baixinho ao refugiado que contava as notas:

- Seu banqueiro está esperando na saída da Prefeitura ou no café da esquina?

Isso foi dito cordialmente, pois o funcionário não levava a sério a exigência. O refugiado levou um tremendo susto.

A questão dos documentos acabava sendo solucionada de uma maneira ou de outra, e podia-se respirar até o prazo seguinte.

Nesses intervalos, cada um levava uma vida cheia de preocupações e sofrimentos que nem o trabalho nem a beleza aliviavam.

A base da existência era a espera, espécie de esboço em que uma esperança cada vez mais tênue e um raciocínio a cada dia mais aflito uniam-se para bordar arabescos nostálgicos.

Sobre essas cores sombrias, por vezes destacavam-se, em nuances mais claras, uma ou outra alegria passageira, uma ou outra emoção mais delicada: cartas dos pais ou de amigos, notícias vindas da Suíça, da Suécia, da América, países onde milagrosamente não havia guerra.

*

Em março de 1942, o governo de Vichy decretou o recenseamento geral.

Cartazes especiais ordenavam à população de raça judaica a informar essa origem em suas declarações, sob pena de reclusão.

O significado dessa convocação era claro, já que na Alemanha o mesmo recenseamento havia inaugurado a era das perseguições.

Ninguém ignorava, aliás, que se tratava de uma medida imposta ao Estado francês pelas autoridades alemãs. As consequências eram previsíveis e evidentes.

As pessoas ficaram indecisas sobre a melhor atitude a tomar. Alguns diziam: "A omissão voluntária da declaração de nossa raça seria obviamente perseguida, mas há a chance de que passe despercebida. O que seria a salvação. Por outro lado, a declaração obviamente nos exporia a todas as perseguições."

Outros respondiam: "Estamos na França, um país que nos deu hospitalidade e proteção. Temos com ela um dever de lealdade e *devemos* responder às exigências. As autoridades francesas *não admitirão abusos contra nós. Temos confiança.*"

Foi nessa atmosfera de perplexidade e hesitação que se preparou o famoso recenseamento. E aí chegou o último dia para a entrega dos questionários. Era preciso decidir e agir. A maioria das pessoas declarou a verdade. Eu fui uma delas.

Terminado o recenseamento, cada um de nós devia enviar à Prefeitura os documentos de identidade. Oito dias mais tarde, esses documentos nos foram entregues, incluída neles a informação prevista. O serviço de abastecimento, por sua vez, convocou os interessados a registrar a menção da raça. Todo mundo estava classificado e marcado, "em ordem perfeita", no dizer da polícia. A dança macabra podia começar.

No início de julho começou a deportação de estrangeiros de raça judaica de Paris; em Lyon, começou em 15 de julho. Sentia-se o perigo iminente na França inteira, mas ninguém sabia ao certo quais providências convinha tomar.

Fugitivos chegavam em massa de todos os lugares, desolados, trazendo notícias terríveis.

Os refugiados residentes nos Alpes Marítimos tomaram literalmente de assalto os consulados americano, espanhol, suíço e sueco. Faziam fila para tentar uma ação desesperada; mas a maior parte dos serviços de vistos não funcionava mais.

Nós nos sentíamos prisioneiros, sitiados.

Aqueles que tinham salvado alguns bens dos êxodos anteriores fizeram o possível para guardá-los com franceses. Os mais previdentes procuravam esconderijos. Todos aguardavam num estado de ansiedade, à mercê de acontecimentos inelutáveis.

"Meu estado de saúde se agravou", escrevi a amigos suíços, o que, segundo nossas convenções epistolares, significava que estava em perigo. Meus amigos responderam que eu poderia contar com um visto de entrada no seu país.

Confiante nessa promessa, fui à Prefeitura. Mostrei a mensagem recebida da Suíça, juntei a recomendação de 1939 e pedi um visto de saída.

O funcionário, rapaz de uns vinte anos, examinou os dois documentos e me disse educadamente, como quem dá uma informação objetiva:

– A senhora traz a recomendação de um governo que se mostrou indigno antes da guerra. Esse governo foi suprimido. Temos agora uma nova França. Os patrões a quem a senhora serviu desapareceram.

O raciocínio não me era desconhecido. Já o escutara em mais de uma ocasião! Dessa vez, entretanto, protestei, exclamando:

– Fique sabendo, senhor, que os patrões a quem servi por mais de vinte anos se chamam Boileau, Molière, Corneille, Racine, Voltaire, e muitos outros imortais do seu país!

Minhas palavras despertaram, ao que parece, meia dúzia de recordações escolares no meu interlocutor.

– Está bem – disse ele em tom conciliador, depois de alguns instantes. – Vou tentar uma solicitação para a senhora. Seu passaporte, por favor!

Colocou uma folha de papel cor-de-rosa na máquina de escrever, soletrou meu nome e depois o datilografou.

– A senhora não é de raça judaica, ou é? – ele reconsiderou subitamente. – Mostre sua autorização de residência.

Olhou a autorização:

– Inútil fazer a solicitação! Temos uma ordem rigorosa de não permitir mais a saída da França dos estrangeiros de raça judaica. Essa regra logo vai ser aplicada também aos franceses. A senhora sabe, os alemães é que mandam – acrescentou em voz baixa, como se confessasse algo.

Ele parecia estar se desculpando, e sua atitude me emocionou.

Saí da Prefeitura. Caminhei em passos precipitados. Na esquina da avenue Gambetta, me dei conta de que ainda segurava nas mãos o passaporte e a recomendação.

Sentei num banco, recoloquei automaticamente os documentos no envelope e ali fiquei, arrasada.

*

Em 26 de agosto de 1942, saí como de hábito para fazer compras. Era de manhã cedo, mas fazia muito calor. Fiquei espantada por encontrar pouquíssima gente no mercado.

Depois das compras, voltei calmamente para o hotel. Ao dobrar na ruazinha que me levava para casa, costumava levantar a vista para o quinto andar e fazer um sinal amigável à vizinha vienense. Naquela manhã, ela não apareceu, mas em compensação vi um compatriota meu, o sr. Sigismond, numa varanda do terceiro andar: ele fazia gestos estranhos com os dois braços. Observei-o divertida, primeiro, pensando tratar-se de uma brincadeira. Mas logo constatei, assombrada, que a gesticulação era dirigida a mim!

Parei, tentando adivinhar o sentido daquilo. Vi que ele me apontava a ruazinha que dava na frente do hotel. Sem procurar entender melhor, tomei o rumo indicado.

Ao chegar à avenida, me deparei com uma aglomeração. Vários ônibus estacionavam, cercados por numerosos policiais civis. Depois, chegaram os gendarmes, empurrando à sua frente ou segurando pelos braços homens, mulheres e crianças.

– O que está acontecendo? – perguntei a um caminhoneiro.

– Estão recolhendo os judeus – responderam várias vozes ao mesmo tempo.

– Agora eles caçam gente – observou um operário, em tom de reprovação.

Uma multidão se aglomerava em torno dos veículos.

Atravessando a avenida, me dirigi automaticamente para o mar. Sentei-me num banco, colocando minhas cestas no chão.

Diante de mim se estendia o Mediterrâneo; atrás, não havia mais saída. Fiquei ali por muito tempo, tentando organizar minhas ideias.

O trecho costeiro estava deserto. Depois de uns instantes, um grupo de policiais em bicicleta veio em minha direção. Esperei que passassem e voltei em seguida para a avenida.

Os ônibus ainda estavam lá, e as pessoas continuavam a ser levadas até eles, em grupos de duas, três, quatro e cinco. Carregavam malas ou simples embrulhos. Os gendarmes as empurravam para dentro dos veículos. Dois ônibus lotados partiram. Outros dois, vazios, logo ocuparam o lugar dos primeiros.

Por um segundo, tive a tentação de correr para o meio dos grupos e gritar: “Me levem, sou um deles!”

Um sentimento de regozijo intenso me invadiu quando tive esse pensamento de solidariedade e imolação. Mas a lógica fria tomou a dianteira. A quem serviria meu sacrifício? O que ele poderia alterar? Qual seria o benefício?

O instinto de preservação me havia dominado.

A amargura dessa verdade me pesa hoje e me pesará até o fim dos meus dias.

Não sei quanto tempo fiquei ali, numa espécie de paralisia.

Alguém passou correndo e me empurrou.

O perigo se mostrou, numa emoção súbita e violenta.

*

Examinei a avenida, as ruazinhas, as casas, as lojas, as *villas*, buscando instintivamente um abrigo.

Meu olhar parou num cartaz:

MARIUS – SALÃO DE CABELEIREIROS

Havia conhecido a sra. Marius enquanto esperávamos nas filas. Um dia, por ocasião de uma distribuição de álcool de uso doméstico, ela disse que eu podia ir até sua casa sempre que precisasse de gás. Nossas relações se construíram em torno das tão importantes questões de abastecimento. Do meu lado, havia "apresentado" a sra. Marius a uma fazenda onde se podia comprar frutas e legumes. Reinava entre nós um cordial acordo.

Era com prazer que vez por outra ia ter um dedo de prosa com aquele casal na faixa dos trinta anos, amável e simpático. A sra. Marius, olhos em brasa, tranças pesadas nos cabelos negros, era corsa. O sr. Marius, embora meridional, tinha olhos azuis e cabelos castanhos. Era risonho e bem-humorado.

Com um casal tão alegre e eficiente, não era de admirar que o "salão" nunca estivesse vazio. Em um lugar incrivelmente congestionado, os clientes, em sua maioria meridionais de temperamento acalorado, ficavam confinados e apertados, esperando sua vez sem reclamar e parecendo até mesmo muito contentes.

A loja era efervescente; as conversas bem-humoradas e os trocadilhos jorravam; cada um contava, com o estímulo dos outros, os fatos do dia, as notícias e os prognósticos.

Sozinha, no meio da rua e em perigo, caminhei até o Marius como se fosse empurrada por uma mão invisível.

O patrão estava na porta e deve ter me visto, pois disse simplesmente:

- Bom dia, a senhora fez bem em vir. Entre!

Caminhando na minha frente, gritou:

- Francine, venha ver quem é que está trazendo as compras de hoje.

Ele e a mulher trocaram um olhar rápido, como que num acordo tácito.

A patroa me desejou bom-dia, ofereceu uma cadeira, pegou a cafeteira, me serviu uma xícara de café e um copo de conhaque, sem esquecer de colocar em cima da mesa o açucareiro, o que naquela época era um sinal especial de hospitalidade e boas-vindas.

- Beba - disse ela. - O café está quente e o conhaque vai lhe fazer bem.

Em seguida desapareceu na cozinha.

Depois de beber, levei para ela os dois cestos.

- Está pesado! - ela sorriu. - Isso vai ser ótimo para o nosso guisado.

Como vizinhos passavam naquele momento pelo pátio, em frente à porta envidraçada, ela me fez sinal para ir até o quarto, onde eu teria de me agachar novamente.

O mosquiteiro cor-de-rosa sobre o leito conjugal, a cômoda antiga abarrotada de guardanapos, o bufê cheio de louça e de xícaras de todas as cores, as paredes decoradas com fotografias de família e cartões-postais, tudo criava uma atmosfera calma e acolhedora. Pela porta entreaberta, ouvia as vozes vindas do "salão". Falava-se dos acontecimentos do dia, das prisões em massa; mas não conseguia distinguir os detalhes.

Ao meio-dia, a patroa arrumou a mesa para três. O patrão se juntou a nós e, sentando-se, declarou:

- Eu me informei com um funcionário que conheço. Vão continuar a recolher os infelizes durante vários dias, e depois vai haver uma pausa. É questão de aguentar por algum tempo. E nós vamos aguentar! Ah, os safados! Um dia vamos pagar na mesma moeda.

E continuou, enquanto me servia uma concha cheia de sopa:

- É preciso manter a força, senhora. Coma! Os tempos são duros, mas tudo passa. À sua saúde.

O vinho enchia de alegria as veias do patrão. Ajudava-o a suportar todas as contrariedades e preocupações da vida.

A refeição prosseguiu em silêncio. Depois de sorvida a última gota, meu anfitrião concluiu:

- Aqui a senhora está em casa, ou seja, na casa de bons franceses. Nada vai acontecer com a senhora enquanto formos os donos disso aqui. No futuro e para a vingança, a senhora pode contar conosco, palavra de honra de Marius!

Depois o casal voltou às suas ocupações. Sentei-me num canto no fundo do quarto. A patroa apareceu várias vezes para trocar meia dúzia de palavras comigo.

Às quatro horas, ela me trouxe uma jarra de café com leite. Mais tarde, avisados pela patroa, amigos vieram me ver. A senhora vienense recomendou que não saísse sob qualquer pretexto e prometeu trazer no dia seguinte algumas roupas e objetos de toalete.

O sr. Sigismond me contou que às oito horas da manhã a polícia tinha chegado ao hotel e prendido dois casais de israelitas; os outros, sem dúvida alertados, não estavam lá.

Os gendarmes haviam deixado a lista de locatários de raça judaica e ordenado à direção que proibisse sua entrada nos quartos e os encaminhasse de imediato à delegacia do bairro. Meu nome figurava nessa lista. No momento em que eu voltava do mercado, três policiais se encontravam parados justo na porta do hotel. Sem o alerta de meu vizinho, eu teria caído inevitavelmente em suas mãos.

Discutiu-se um plano de ação e decidiu-se que por ora eu ficaria escondida na casa do sr. e sra. Marius.

Depois de fecharem o "salão", o patrão colocou um colchão no assoalho e a sra. Marius cobriu sua cama com lençóis brancos retirados da cômoda. O patrão se preparava para dormir no chão. Tive de insistir, e até mesmo ameaçar ir embora, para que o casal Marius admitisse dormir no próprio leito.

O patrão disse finalmente à mulher:

– Já que é a vontade dela, está bem, Francine.

De modo que os lençóis brancos passaram da cama ao colchão, e este se tornou minha cama.

Durante a noite, escutei por muito tempo os ruídos vindos de fora.

Passos apressados, gritos reprimidos, silvos, apelos... e de novo o murmúrio do mar.

Eu me virava e revirava, sem conseguir conciliar o sono.

– Durma, querida, a senhora precisa muito de descanso – disse com voz suave a patroa, que havia percebido minha inquietação.

Enfiei o rosto na fronha para ocultar as lágrimas. Chorava ao mesmo tempo de desespero e por reconhecimento àqueles seres infinitamente bondosos que me haviam recolhido e salvado.

A consciência de estar sob a proteção deles me devolveu a serenidade.

Esgotada, acabei adormecendo.

*

Os patrões se levantaram descansados e prontos para o trabalho, que preenchia toda a vida deles.

O sr. Marius era um idealista que sonhava com a paz e a fraternidade universais. Ele gostava de participar de longas conversas a respeito de problemas humanitários. Marido e mulher eram sensíveis à miséria e às dores alheias, estavam sempre de acordo e prontos a socorrer todos os aflitos.

Fui cercada dos cuidados mais amáveis.

Para me distrair, o sr. Marius jogava comigo, à noite, uma partida de cartas que eu perdia regularmente. Admirava sinceramente sua habilidade, o que lhe dava grande satisfação. Quanto à sra. Marius, ela se orgulhava do esposo.

Aquelas eram noites realmente agradáveis e me ajudavam a suportar, e até mesmo a esquecer por momentos, minha situação trágica e perigosa.

Elsa von Radendorf me visitava com frequência. Trazia péssimas notícias.

A polícia fazia batidas e prisões à noite, buscando gente nos jardins, nos parques, nas praças, na orla, nos bosques dos arredores. Supondo que a maioria dos fugitivos escondidos a céu aberto voltariam aos poucos aos seus domicílios, os agentes invadiam quartos, arrancavam as pessoas da cama e levavam-nas. Era impossível entrar no meu quarto de hotel para retirar o que quer que fosse. Elsa von Radendorf me trouxe, para compensar, alguns objetos comprados às pressas – escova de dente, sabão, lenços, meias –, e me emprestou seu *peignoir*. Ela também se encarregou de colocar no correio uma carta em que, sob nome falso, eu avisava aos amigos da Suíça que "estava muito mal".

Por oito dias consecutivos, as prisões em massa acuaram toda a região dos Alpes Marítimos. Foi considerável o número de pessoas presas; elas eram vistas caminhando entre os policiais, com algemas nos pulsos. Policiais civis, gendarmes e guardas trancavam-nas nas delegacias, nas casernas e no mercado coberto da place Masséna. Todos esses locais foram transformados às pressas em prisões provisórias.

No início de outubro, a população teve de renovar seus cartões de abastecimento. A polícia estava a postos para agarrar aqueles que, tendo escapado das prisões em massa, fossem buscar os indispensáveis cartões.

Mas poucos se apresentavam. Por vingança, a polícia aproveitou a ocasião para prender franceses que, por compaixão, iam retirar os cartões dos que se escondiam.

*

Pouco depois, uma nova medida foi promulgada: as crianças judias deviam ser separadas dos pais. Elas eram jogadas nos caminhões, seus documentos rasgados ali mesmo. As autoridades marcavam-nas com um número de matrícula.

Cenas trágicas acompanharam a execução dessas medidas. Mães cortavam as veias, outras se jogavam sob as rodas dos veículos no momento em que estes partiam com sua carga trágica. Num hotel da Côte d'Azur, uma mulher que tinha escapado das batidas se atirou pela janela com o filho. Ela se recuperou com fratura das pernas. A criança morreu, esmagada na queda.

Policiais civis e gendarmes iam à caça com desenvoltura e infatigável atividade. Executavam as diretrizes de Vichy de maneira firme e inexorável. Nesses homens subservientes, a cólera acumulada após a derrota era violenta, e eles pareciam querer despejá-la sobre os mais infelizes e mais fracos. Esses representantes da autoridade nada tinham de heroico, nem nas suas tarefas nem nas suas atitudes.

Talvez exista, oculto em todo homem, um fundo de sadismo capaz de desvelar-se quando a ocasião se apresenta. Bastava que esses rapazes, antes pacíficos, tivessem recebido o abominável poder de caçar e encurralar seres humanos indefesos para que cumprissem essa tarefa com um furor singular e encarniçado que fazia lembrar a exultação.

Aquilo se devia a uma ordem ou a um sentimento de vergonha? A gente os ouvia afirmando que as diretrizes eram úteis e necessárias, e que segui-las era uma das condições da colaboração com os alemães, da qual dependia a salvação da França.

Não foi preciso esperar muito até tomarem as decisões definitivas relativas aos refugiados de raça judaica presos. Durante oito dias, os amigos puderam visitá-los, levando-lhes alguns objetos de primeira necessidade e um pouco de consolo. Mas um dia, sem aviso, enviaram-nos aos campos de concentração franceses, de onde foram transportados, em grupos, aos campos da Polônia, da Tchecoslováquia e da Alemanha.

*

Não foi sem escrúpulos que fiquei escondida na casa dos Marius, mas meus anfitriões protestavam sempre que eu falava em mudar de refúgio. Eles consideravam seu dever expiar, diziam, as injustiças de que eram cúmplices seus compatriotas cegos ou coagidos pelas autoridades do momento.

O quarto do casal era contíguo ao salão de cabeleireiro. Determinadas clientes tinham o hábito de ir até lá para bater papo com a patroa ou lhe dar bom-dia. Assim, algumas me viram e em breve correu a história de que os Marius escondiam alguém.

Tínhamos combinado que me esconderia no fundo de um armário quando o sr. Marius chamasse a mulher em voz muito alta.

O caso se deu um dia, perto do meio-dia, e do meu esconderijo alcançado às pressas ouvi o sr. Marius:

– Entre, cabo, nós só temos o quarto e a cozinha. A inspeção vai ser rápida.

E dirigindo-se à mulher:

– Ofereça ao cabo um cálice daquela aguardente boa. Que ele nos diga se gostou.

O cabo bebeu seu cálice de aguardente e se desculpou:

– Vocês sabem, estão nos tratando como burros. Recebemos o dia inteiro informações e denúncias! Droga de trabalho, o nosso, agora! Perseguir gente que não cometeu crime algum, isso deixa a pessoa enjoada! Mas ai de quem der sua opinião. Seríamos apanhados na hora. Precisamos dar de comer à família. Sem rancor nenhum, patrão!

O cabo, depois de se despedir do dono da casa, foi embora.

– A senhora viu – disse o sr. Marius ao me tirar do armário – ainda há uns tipos decentes entre esses imbecis, esses nojentos da polícia.

Foi assim, por acaso, que fiquei sabendo (o que me haviam ocultado cuidadosamente) que as moradias dos franceses suspeitos de dar asilo aos judeus perseguidos eram alvo de operações de busca. A polícia vigiava noite e dia, entrava à força se necessário, prendia os refugiados que encontrava e junto com eles levava também os donos da casa.

Eu havia suplicado a amigos que buscassem para mim um esconderijo nos arredores de Nice. Tendo avaliado o perigo que minha presença representava para os Marius, eu não tinha mais tranquilidade. Fiquei um bocado aliviada ao ser informada, uma manhã, que uma senhora francesa de boa família se dispusera a me alojar num castelo na montanha, a uns vinte quilômetros de Villefranche.

Meus anfitriões protestaram. Contudo, diante de minha decisão firme, apoiada pela amiga vienense, o sr. Marius concordou, com a condição de que ele pudesse conhecer antes minha nova anfitriã. Decidiu-se que a castelã em pessoa viria me buscar na casa deles no domingo seguinte.

Abrigada como se estivesse num retiro cálido e agradável, rodeada de proteção carinhosa, eu aguardava, não sem inquietação, a segunda etapa de minha aventura extraordinária e quase medieval.

Nos últimos dois dias transcorridos na casa dos meus amigos, ambos se superaram para me mimar. A sra. Marius partiu em expedição aos produtores e conseguiu alguns ovos, impossíveis de encontrar em Nice, e até mesmo limões. Assaltando sua reserva de farinha de trigo, minha anfitriã fez uma belíssima torta em minha homenagem.

A sra. Elsa von Radendorf, por sua vez, chegou triunfante. Tinha conseguido entrar no meu quarto de hotel, trazendo de lá um vestido, sapatos, um casaco e um pouco de roupa sobressalente.

Meu vizinho de andar, Charles Guyot, o estudante de Lyon, recomendou que me aconselhasse com um inspetor de polícia que conhecíamos pessoalmente. Originário da Alsácia, esse inspetor detestava os ocupantes. Ele visitava o sr. Guyot; eu o encontrara várias vezes, e ele me havia assegurado que podia contar com seu apoio em caso de complicações. Não sabendo direito como me locomover com uma autorização de residência fora do prazo de validade e um documento com o estigma perigoso, decidi seguir o conselho do jovem vizinho. Escrevi ao policial, esperando que ele se lembrasse de mim ao lhe expor minhas dificuldades.

Um amigo do sr. Marius encarregou-se de levar a mensagem. Esperei o resultado da iniciativa com impaciência febril. O patrão ia até a porta de instante em instante para verificar se o mensageiro já estava voltando. Este chegou à tarde e completamente irado. Contou que ao entregar a carta ao destinatário, conforme o combinado, fora desde o primeiro momento interpelado sem a menor cordialidade. O inspetor começara por exigir seus documentos de identidade e depois lhe dissera:

- Como é? O senhor, um antigo combatente de 14, se envolve em atividades ilegais e contrárias às decisões do nosso governo?

E havia concluído com a advertência:

- Principalmente, não volte a fazer isso!

A princípio, não quis acreditar nos meus ouvidos, porém a descrição feita pelo mensageiro do homem que o havia interrogado correspondia de alto a baixo ao nosso pretenso bom companheiro, e afinal me senti muito afortunada por escapar sem maiores consequências daquela iniciativa inoportuna.

VII

EM ALGUM LUGAR DA MONTANHA

CHEGOU O DOMINGO seguinte, e com ele a nossa castelã, que devia me levar à sua vivenda perto de Villefranche. Era uma mulher de quarenta e poucos anos, o aspecto masculino, o olhar frio. Ela nos contou que tinha um casal de filhos. A propriedade, com uma hipoteca alta, pertencia a amigos que moravam em Paris; ela recebera o usufruto durante 25 anos, e em troca assumira as despesas de manutenção e impostos.

Ela nos revelou suas opiniões políticas, falou da raiva que tinha dos alemães e da satisfação por poder ajudar "uma perseguida". Embora não fosse uma pessoa interesseira, afirmou, os tempos eram duros, e por isso contava com alguma retribuição pela minha hospedagem. Explicamos a ela a situação e fixamos um preço de aluguel correspondente ao de um quarto num hotel de luxo na promenade des Anglais. Quanto aos mantimentos, meus amigos se encarregariam de fazê-los chegar até mim. Participando das negociações sem compartilhar o entusiasmo da castelã, o sr. Marius aceitou, no entanto, as condições. Ele adicionou até mesmo a promessa de dois maços de cigarros por semana, tendo a castelã se mostrado, ao longo da conversa, uma fumante fervorosa.

Era um presente excelente. O tabaco era altamente racionado, e só os homens tinham direito a uma cota.

Entramos assim em acordo sobre todos os pontos.

Providenciei então meu disfarce: saia comprida, pantufas de tecido, avental e, na cabeça, um lenço de camponesa que me caía até os ombros. Levava nos braços uma cesta contendo algumas provisões. Meus objetos de toalete foram entregues à castelã para afastar as suspeitas.

Partimos às seis da tarde. Depois de me despedir do casal Marius, muito emocionada, acompanhei minha guia.

Subimos num bonde que nos conduziu à place Masséna. Ali, tivemos de aguardar três quartos de hora antes de tomar o ônibus que servia os arredores de Villefranche. A castelã usou esse intervalo para fazer uma visita nas redondezas, deixando-me sozinha na estação.

Circulavam por ali muitos policiais civis e gendarmes, a pé e de bicicleta. Subitamente, passou na minha frente um homem correndo a toda velocidade, seguido de perto por dois policiais. Agarraram-no e lhe passaram as algemas. Eu o vi caminhando entre os policiais, as costas curvas, a cabeça baixa, o passo vacilante. Desapareceu na esquina de uma rua...

Quando a castelã voltou, eu me sentia inteiramente surpresa por ainda estar no mesmo lugar: em pensamento, havia partido ao lado do jovem judeu que acabara de ter seu destino selado.

O ônibus subiu sem pressa as colinas. Enquanto minha anfitriã, muito comunicativa, me colocava a par da vida no castelo e me falava da vizinhança, meu olhar acompanhava o magnífico panorama dos Alpilles, que eu ainda não contemplara daquele ângulo: campos, bosques, pequenas aldeias que pareciam penduradas nas encostas verdejantes.

A castelã agora criticava amargamente os vizinhos, queixando-se do egoísmo deles.

– A região tem uma grande quantidade de trabalhadores – dizia ela. – Estou cercada de maldade, a maioria dos habitantes é comunista. E a polícia local tem a mesma tendência.

Ao escutá-la, certa inquietação me invadiu: minha anfitriã parecia estar em litígio com o universo inteiro.

Descemos na praça da Prefeitura, bem em frente à Gendarmaria. Nas paredes do prédio, cartazes um pouco desbotados explicavam o recenseamento, e outros, mais recentes, proibiam a hospedagem de judeus. Para chegar ao castelo, era preciso subir a pé cerca de quatro quilômetros. Minha anfitriã recomendou-me percorrer esse trajeto calmamente, sozinha, e aguardá-la no entroncamento, para evitar que alguém nos visse juntas.

A trilha para caminhantes tinha sido aberta na rocha, e era preciso escalar numerosos degraus. Ao longo de toda a subida, havia casinhas e cabanas que pareciam erguidas meio ao acaso. *Villas* espalhavam-se aqui e acolá; mais longe, havia pequenos abrigos de pedra, cercados por oliveiras e palmeiras.

Avançava lentamente, parando a fim de admirar o panorama.

Atingi enfim o entroncamento indicado; no meio dele, uma fonte. Tão pronto a castelã chegou, contei a ela que no meio do percurso eu fora avistada por pessoas gentis que, da porta de suas casinhas, me haviam cumprimentado amavelmente. Ela me acalmou: visitantes eram constantes na região, e não transcorria um domingo sem que ela própria recebesse gente de Nice.

O castelo situava-se em meio a um belo gramado que avançava além das árvores. O prédio, que visivelmente necessitava de restauração, tinha linhas muito aristocráticas.

Fui apresentada a uma moça loura de vinte anos, extrovertida e amável, e a um rapaz de uns dezesseis anos.

Recebi como habitação um quarto decorado por dois belos *gobelins*. Quatro grandes varandas abriam-se para os Alpes. Desde o cair da noite, porém, sombras tão densas envolviam o castelo que eu, ansiosa, me apressava em cerrar as persianas e acender as lâmpadas.

Já no dia seguinte, usando um avental da castelã, tamancos e chapéu de palha, fui colher legumes no pomar. Apanhava pedras grandes num terreno que a castelã pretendia cultivar, transportando-as em seguida, num cesto, até o local designado.

Enquanto isso, minha anfitriã e sua filha escavavam a terra. Após as horas mais quentes, regávamos o terreno com água transportada de um reservatório. Usando luvas especiais, o rapaz limpava as árvores infestadas de lagartas e lançava os insetos, às centenas, num braseiro. Ele me chamava para mostrar as contorções das lagartas nas chamas.

Passaram-se vários dias, silenciosos e calmos. Acreditava estar no fim do mundo e protegida para sempre. Mas num sábado, voltando da aldeia, aonde fora buscar pão, o rapaz contou que tinha cruzado com um dos três gendarmes da localidade, e o policial, em voz baixa, lhe dissera para passar pela Gendarmaria. Ao chegar lá, meia hora mais tarde, soube que um rumor corria na aldeia: uma estrangeira vivia no castelo. E ela não havia feito sua declaração à polícia. O funcionário então concluíra:

– Eu e meu colega vamos fazer uma inspeção na segunda-feira de manhã. É preciso que a pessoa em questão já tenha ido embora.

Perdendo literalmente a cabeça ao ouvir o relato do filho, a castelã queria que eu partisse de imediato. Supliquei que ela me desse ao menos vinte quatro horas, o tempo necessário para avisar meus amigos de Nice e pedir que eles buscassem outro refúgio. Eu não me arriscava a ser presa e deportada quando descesse até a cidade?

Pedi que o filho da castelã levasse duas cartas, uma aos Marius e a outra à minha vizinha do hotel.

Ele se pôs a caminho e voltou à noite, anunciando que o sr. Marius iria tomar as providências necessárias e logo subiria até o castelo.

Depois do jantar, a castelã veio ao meu quarto. Contou que tivera uma conversa com o filho, "o único homem da casa". Ela não havia se dado conta do perigo a que se expusera ao me hospedar. Conhecendo os sentimentos da polícia em relação à sua pessoa, esperava agora sérias complicações! Tentei mostrar-lhe que o aviso do gendarme tinha sido espontâneo. Mas ela só o enxergava como uma armadilha da polícia.

Decidiu-se, então, que eu iria dormir na floresta adjacente ao castelo, onde ela prometia preparar para mim um refúgio seguro. Carregadas de cobertores e de travesseiro, saímos. Ao chegar a uma pequena ravina, a castelã arrancou umas samambaias que dispôs de modo a me ocultar.

Fiquei sozinha.

Tentei ler o livro que levara, mas não consegui me concentrar. Um silêncio esponjoso me rodeava, cortado pelos últimos cantos dos pássaros e pelo zumbido dos insetos. Ouvi e vi a noite descer sobre a floresta; os últimos raios de sol douravam a copa das árvores; os ruídos de vozes chegavam de moradias longínquas; o trinado dos pássaros desaparecia aos poucos.

Veio a noite e me envolveu como um sudário. O silêncio era perturbado por ruídos leves, mal perceptíveis: folhas, raminhos e pinhas caíam das árvores. Um pássaro roçava um galho com a asa, um inseto subia no tronco de uma árvore e voltava a cair no solo. O vento na folhagem parecia cochichar. Todos esses sons assumiam para mim um significado inquietante. O ganido de um cão numa fazenda desconhecida quase me parecia uma voz amiga.

Sentindo de súbito o impacto do frio, me cobri com o casaco e os cobertores. Foi em vão que tentei dormir. Procurava um pensamento reconfortante. Mas qual? Minha mãe adorada estava bem longe; havia dois anos que não tinha notícias dela nem de nenhum dos meus; o mundo inteiro sangrava por causa da guerra. Por todo lado, luto e desespero. Pensava nos Marius, nos amigos suíços, em minha irmã já fora de perigo. A lembrança deles me serenou.

Fiquei assim por muitas horas, olhando a escuridão. Aquela noite me pareceu eterna.

Arabescos avermelhados enfim apareceram no céu. Senti no rosto o calor agradável, ainda muito tênue, dos primeiros raios de sol. Meus cabelos estavam úmidos do sereno, e meu corpo inteiro doía por ter dormido no chão.

A alvorada chegava. O orvalho cintilava agora sobre cada galho e cada talo de vegetação. A claridade pálida da aurora deu lugar a uma luminosidade radiosa. Um, dez, cem, mil trinados de pássaros se amplificaram num canto matinal.

O dia surgira. Esqueci meu desespero para admirá-lo.

De repente, fui tomada pelo pânico. Ouvi alguém caminhando na trilha. Passos pesados se aproximavam. Fugir? Em qual direção?

Uma velha logo apareceu entre as árvores. Estendi-me ao máximo no solo, mas ela já tinha me avistado.

– Bom dia – me disse alegremente. – Ainda estão acampando com a estação tão avançada? Vai ser um dia bonito.

Ela passou.

Pouco depois, a filha da castelã veio falar comigo. Ela parecia muito feliz por me encontrar; não tinha podido dormir tranquilamente, disse, pensando no meu isolamento. Contei-lhe prontamente que uma mulher das redondezas me tinha surpreendido. Ela foi prevenir a mãe, e ambas voltaram.

– Quantos aborrecimentos! – exclamou a irritada castelã. – Se pudesse prever toda essa chateação, jamais teria aceitado essa missão. Ah, de jeito nenhum!

No centro da floresta havia uma cabana, antiga moradia do guarda-caça, agora utilizada para armazenar material de jardinagem e móveis sem uso, entre eles uma cama dobrável.

Foi para lá que a castelã me levou.

Eu estava gelada. A moça me trouxe um jarro de água quente para minha toalete, e também café e pão. Armou rapidamente a cama dobrável e foi buscar um colchão, que forrou com cobertores.

Eu tremia de frio. Com pena, ela me ajudou a deitar inteiramente vestida. Em seguida, trancou a cabana, para que ninguém a encontrasse aberta caso houvesse buscas, e partiu com a promessa de regressar.

Fiquei ali por muito tempo, tentando me reaquecer. Até que consegui dormir, agitada por pesadelos.

Ao meio dia, ouvi um barulho na fechadura, a porta se abriu e, tal qual um anjo da guarda, o sr. Marius surgiu na minha frente. Ele fizera o trajeto de bicicleta e estava molhado por causa de uma chuvarada. Contou que, depois de receber as minhas provisões da semana, incluídos os dois maços de cigarros, a castelã tinha lhe anunciado que eu devia partir imediatamente.

– Deus me livre! – ele blasfemou, esmagando com o calcanhar duas aranhas enormes que se arrastavam no chão. – Que beleza de castelo foi este em que a senhora veio parar!

Sentando-se num caixote velho, ele disse que tinha procurado todos os amigos seguros, mas por todos os lados havia obstáculos. Ou eram vizinhos favoráveis à "colaboração", ou era o filho da família que servia na polícia. Ele me propôs voltar para a casa deles enquanto esperava.

Foi então conversar com minha anfitriã, e decidiu-se que eu passaria mais uma noite na cabana, que seria varrida e limpa, e partiria definitivamente na tarde do dia seguinte. Ele acertou o valor da hospedagem.

Todo o abastecimento da semana - carne, vinho, dez quilos de batatas, bem como os cigarros - ficou de posse da família para compensá-la.

O sr. Marius me disse:

- Como a senhora os abasteceu, estão chateados com sua partida, mas ao mesmo tempo têm medo de mantê-la aqui. Tenho a impressão - acrescentou, rindo - de que não ficariam aborrecidos se a senhora continuasse a pagar a hospedagem e a assegurar-lhes as provisões... e fosse embora. Isso seria perfeito para eles!

Ele me convidou a caminhar um pouco na floresta, para que eu me movimentasse. No decorrer desse curto passeio, fez o possível para me animar.

Tão pronto ele partiu, eu de fato comecei a abrigar a esperança de que tudo poderia se resolver. De volta à cabana, me pus a ler. À noite, apareceu o gato da casa, Noiraud, e a moça o trancou comigo para me fazer companhia.

No dia seguinte, levantei com energia renovada. Precisava dela, porque constituía um perigo evidente descer até a aldeia a fim de tomar, bem em frente à Gendarmaria, o ônibus que devia me levar a Nice.

De manhã, a castelã e o rapaz apareceram na cabana. O filho me perguntou se podiam contar com minha lealdade; ele temia que, em caso de prisão, eu revelasse o local de minha última estadia. Ambos voltaram a insistir sobre o perigo da visita do gendarme. Pedi-lhes então uma folha de papel e redigi uma carta à castelã dizendo que, sem ter informado a ela minha raça, havia usufruído de sua hospitalidade para me alojar no castelo, que abandonava para evitar-lhe aborrecimentos.

Fui então convidada a passar no castelo o restante da tarde.

Às cinco horas, vesti de novo o disfarce. Carregando uma caixa de leite e um cesto cheio de tomates, me dirigi à estrada nacional.

No entroncamento, perto da fonte, a senhorita Yvonne, a jovem castelã, parecia estar à minha espera.

- Permita-me acompanhá-la um instante, senhora.

E, ajustando seus passos aos meus, prosseguiu:

- Não fui com minha mãe me despedir da senhora porque não queria assistir a todas as recomendações odiosas que meu irmão ainda pretendia lhe fazer. Por favor, senhora, eu imploro, perdoe minha mãe! Ela está sob a influência do filho. Ele é jovem, ainda pode mudar quando a vida voltar ao normal, não é? Meu Deus! O que a senhora deve estar pensando de nós!? Estou morrendo de vergonha! Sou francesa, tenho horror da covardia! Fui criada no convento. Somos cristãos! Ninguém diria!

E parando, emocionada, quase sem fôlego:

- Senhora, me deixe abraçá-la.

Ela passou os braços em volta dos meus ombros.

- Eu adoraria acompanhar a senhora até Nice para ter certeza de que está tudo bem, mas eles iriam notar minha ausência, e isso não teria mais fim.

- Boa sorte, senhorita Yvonne, jamais vou esquecer sua gentileza comigo - eu lhe disse, abraçando-a também.

Acelerei o passo e me voltei depois de um momento para dar um último adeus à moça, que havia parado a fim de me seguir com o olhar.

Eu caminhava depressa, os ouvidos e os olhos à espreita, os nervos tensos, mas acompanhada por uma alegria interior: revivia o adeus da jovem francesa.

*

Diante de mim, uma vista maravilhosa: aqui, rochas áridas e nuas; acolá, montanhas verdejantes, vastos campos de flores, oliveiras, palmeiras, limoeiros e laranjais; toda a flora generosa do Midi. Deus, quanta beleza!

Estradas com curvas fantásticas cruzando os campos, os prados e as campinas pareciam fitas brancas destinadas a ressaltar a beleza da paisagem.

O ar dos campos enchia meus pulmões, o sol me aquecia com seu suave calor de outono.

A quem Deus quer mostrar suas maravilhas
Ele envia aos montes distantes...

Eu caminhava ao ritmo de minha canção à medida que me aproximava da aldeia. Reduzi então o passo para lançar um olhar ao redor: a estrada levava a Nice, e lá prosseguiam as batidas policiais.

Ainda faltavam quinhentos metros. Parei. Ao longe, apareceu um ponto. Ele se aproximava em atitude desafiadora. Não havia a menor dúvida, era uma motocicleta. Acelerei de novo os passos de modo a não chamar a atenção para a hesitação com que caminhava, e avancei para a motocicleta, agora brilhante em todos os seus metais.

Ouvia meu coração batendo e tentava engolir o nó que sentia na garganta.

A máquina crescia rapidamente. Ela acabara de me alcançar. O barulho do acelerador... Já estava longe...

....

Quem é essa mulher disfarçada que avança com passos alegres e cantando à meia voz uma melodia de sua infância?

Sou eu a camponesa de tamancos que cantarola ao ritmo de seus próprios passos na estrada branca de um país maravilhoso.

VIII

RETORNO A NICE

ERA DOMINGO. Muita animação nas ruas e nas estradas. Chegando à aldeia, em vez de esperar o bonde na estação principal, continuei até a próxima parada. Contornei a Gendarmaria e fiquei à vista de qualquer um. Inconveniente imprevisto! Como o bonde pequeno, lotado, não se deteve naquela parada, só pude subir no seguinte. Meia hora de apreensão no meio da rua. Mas não me descobriram.

Na entrada de Nice, os funcionários de um posto de cobrança inspecionavam embrulhos e cestas; a formalidade me deixou bem nervosa, embora, na verdade, não levasse na bolsa nenhum produto racionado.

Desci na parada da place Masséna, onde o sr. Marius devia me buscar às sete horas. De tão ansiosa que estava, me adiantei três quartos de hora para o encontro. Comecei automaticamente a contar os policiais a pé, de bicicleta e de motocicleta que atravessavam a praça. Quando cheguei ao número 28, o sr. Marius finalmente surgiu, pedalando. Ele me fez sinal para que o seguisse e tomou uma rua transversal, onde fui encontrá-lo.

Estacionou a bicicleta e, caminhando ao meu lado, recomendou que eu pegasse o bonde até sua casa. Eu devia entrar pelo pátio e depois de me assegurar que não havia ninguém perto da portaria. Como o disfarce me deixava irreconhecível, eu podia ir diretamente para lá. Nem ele mesmo havia me reconhecido à primeira vista, afirmou.

No momento em que pus os pés na soleira da porta dos Marius, fui invadida por um sentimento de segurança absoluta. Esqueci temores e perigos, e a tensão permanente em que vivia desapareceu como por encanto.

Comecei a contar minha odisseia à sra. Marius e recuperei todo o humor ao ouvi-la dar gargalhadas enquanto eu descrevia a castelã e seu filho.

Depois, nos sentamos à mesa. O sr. Marius contou sua novidade: uma jovem operária, que trabalhava como arrematadeira de costura para as grandes lojas de roupas, sublocava um cômodo de sua moradia modesta. Agora o quarto estava desocupado, e ela podia me alojar. Havia, porém, um inconveniente: a jovem tinha amigos - permanentes e ocasionais. Uma lástima, mas, pensando melhor, ele decidira falar comigo porque achava a solução muito conveniente. A interessada tinha ficado animada com o bom negócio. Já que ela morava num lugar com uma característica "um pouco pública", por assim dizer, acreditamos que a polícia não estenderia suas buscas até lá. A senhorita Marion - era seu nome - viria naquela noite mesmo para saber a resposta.

*

Marion era uma mulher de trinta e poucos anos, alta, magra, elegante. Os cabelos e os olhos negros, a grande boca sensual e a beleza um pouco vulgar davam-lhe um fascínio singular.

Ela fixou para o quarto o mesmo preço pedido pela castelã, e nós o aceitamos como justo.

Quis sair logo com Marion, mas o sr. e a sra. Marius decidiram que seria mais seguro esperar até o dia seguinte. Saímos, a sra. Marius e eu, às cinco da manhã, hora em que a polícia ainda não estava em ação.

O apartamento de Marion ficava nos arredores da gare du Sud, num imóvel novo, confortável e moderno de que ela se orgulhava muito. Duas janelas davam para a rua e para um pequeno pátio. Fui instalada no quarto dos fundos. O cômodo tinha um sofá recoberto por uma colcha de ramagens, uma mesa pequena e dois bancos; nas janelas, cortinas com motivos coloridos. Estendidos sobre os vidros, quebra-ventos impediam a curiosidade dos vizinhos. Quando queria arejar o quarto, tinha de me aproximar de joelhos e, nessa posição, esticar o braço para puxar o cordão. Um tapete de estilo turco, comprado a um *sidi*,[11] completava a decoração.

Uma vez instalada, descobri que tinha colocatários: três gatas e um gato gordo, não castrado. Marion adorava os gatos, mas não queria que eles entrassem no "salão", que também era usado como quarto de dormir. Então, a família felina se achava relegada ao quarto sublocado. Marion me assegurou que até aquele momento nenhum locatário havia visto o menor inconveniente na coabitação.

Minha situação absolutamente especial me obrigava, quisesse ou não, a seguir a tradição dos meus predecessores.

Eu amava gatos, com certeza, mas em menor quantidade.

Assim, adormecia com meus companheiros, um sobre os ombros, outro junto à cabeça e os outros dois aos meus pés. Um movimento dos braços ou das pernas, por mais ínfimo que fosse, era interpretado como convite a uma brincadeira de esconder e, vez por outra, em plena madrugada, mi-

11 N.T.: Termo pejorativo para designar pessoa originária do norte da África.

nha cama virava o palco de saltos e pulos que depressa me tiravam o sossego.

Como inconveniente dessa coabitação, minha cama e minhas roupas se cobriram de pelos e também, infelizmente, de pulgas. A higiene pessoal não bastava para me livrar de tais calamidades. Tive de pedir à sra. Marius que comprasse um inseticida em pó para aplicar nos gatos, e um pente especial para atacar o mal pela raiz, procedimento este que me permitiu limpar a fundo meus quatro companheiros. Marion se entusiasmou com tamanha - ainda que um pouco forçada - dedicação, e a consequência foi que desde então adquiri apego a todos os gatos! Eles nunca mais me abandonaram!

A campainha soava com frequência na casa de Marion. Os visitantes tinham modos diversos de tocar, de uma a seis vezes, com ritmos diferentes. O toque da campainha me assustava, especialmente quando estava sozinha. Nem preciso dizer que jamais abria a porta.

Meu quarto, felizmente, era separado do restante do apartamento por um corredor e uma cortina grossa. Podia ler e escrever à vontade sem que o vaivém me incomodasse demais.

Diariamente, um dos Marius me levava algo para comer. Sempre na mesma hora, eu fazia a refeição na cozinha, aliás de uma limpeza exemplar. Ambos nos sentávamos à mesa, cercados pelos gatos que ronronavam e tentavam capturar alguma guloseima de nossos pratos.

Marion amava o dinheiro, claro, mas explicava que era apenas porque tinha "experiência da vida e da perfídia dos homens". Ela me contou seu passado, seus esforços e suas desilusões. Era uma moça de bom coração, porém desprovida de caráter. Malgrado a simpatia que me testemunhava, iria muito em breve se mostrar aberta a influências nefastas.

Uma tarde, estava escrevendo uma carta à sra. Radendorf, que depois de minha mudança interrompera as visitas para não chamar a atenção. Marion entrou no meu quarto e, se aproximando, cochichou:

– Tem um cara da polícia na porta. Ele quer falar com a senhora em particular. Imagine, quase morri de medo quando o vi! Neguei que a senhora estivesse aqui, mas ele me disse que sabe de tudo e só quer *lhe prevenir*.

Sem esperar minha resposta, Marion recuou para deixar entrar um homem entre seus 25 e 28 anos.

– Não tenha medo – ele me disse com um grande sorriso, acercando-se e sentando-se num banco. – Eu acabo de ser desmobilizado. Estava na Marinha e me mandaram, por enquanto, para a polícia secreta.

E prosseguindo:

– Tenho atualmente a missão de procurar refugiados escondidos. Sigo seu rastro há algum tempo. Enfim, eu a identifiquei! Mas a senhora é mulher, e tenho pena. Estou pronto a me calar... Sabe o que significa um silêncio assim? Posso ser punido e até mesmo preso! A senhora entende, não é?

– O senhor quer uma compensação? – perguntei.

Ele estirou os braços:

– Eu me arrisco muito, madame.

– Quanto? – continuei.

– Sete mil – foi a resposta lacônica.

A quantia me deixou pasma. Era exatamente a proposta que eu havia recebido, três dias atrás, por minha máquina de escrever (a máquina estava confiscada no hotel por ordem da polícia, com o restante dos meus pertences; por intermédio de amigos, um locatário havia se oferecido para comprá-la, ignorando que eu não podia dispor dela). Marion tinha conhecimento do fato. A coincidência me assustou e, num átimo, percebi a cumplicidade dela.

Houve um momento de silêncio. Tive de fazer um grande esforço para me levantar. Aproximei-me da porta, abri, e chamei:

– Senhorita Marion!

Ela estava bem perto do quarto.

– Marion, meu esconderijo foi descoberto – eu lhe disse. – Cedo ou tarde isso iria acontecer. Me passe o casaco e o xale. Vou acompanhar esse senhor à delegacia.

– Espere, senhora – ela exclamou. – Com esse senhor, a senhora não corre nenhum risco, e nós também não.

– Esse senhor não arrisca nada – eu a consolei. – Ele só faz seu trabalho e vai ganhar a recompensa habitual. Toda denúncia recebe uma gratificação.

– E eu que escondi a senhora, e tomei conta da senhora?! – ela gritou, desesperada.

Eu já chegava à porta quando ela me agarrou pela manga. Soltei-me com nojo. Voltando-se então para o falso policial, ela suplicou:

– Louis, isso não, faça alguma coisa! – e irrompeu em soluços.

O homem a empurrou, passou pela porta e desceu a escada pulando os degraus de quatro em quatro.

Faltava saber se ele iria me denunciar.

Eu disse a Marion que fosse de bonde até os Marius para perguntar-lhes o que fazer. Perturbada, ela saiu.

A cumplicidade da moça ficou logo patente, pois nenhum policial se apresentou. O famigerado detetive obviamente a manipulava.

Já era noite quando Marion voltou. Trazia um recado do sr. Marius. Eu devia ir para a casa deles naquela mesma noite, depois que as luzes se apagassem, acompanhada por ela.

Sem pronunciar uma única palavra, ficamos esperando até as dez horas. Os gatos nos rodeavam, fazendo mil gracinhas e mil carícias. Pareciam querer renovar os laços que haviam sido tecidos entre nós por semanas de vida em comum e que, lamentavelmente, acabavam de ser rompidos devido à covardia de sua dona.

*

Ao chegarmos a pé à casa dos Marius, às onze horas e em meio às trevas, o casal nos aguardava, impaciente. O patrão disse a Marion para ficar lá com a esposa, esperando a volta dele. Saiu comigo e, sem dizer nada, me levou até uma ruela vizinha, onde se dirigiu em voz baixa a uma silhueta parada na sombra.

- Boa noite, senhora, estamos atrasados. Depois explicamos por quê. Agradeço por ter nos esperado.

E, voltando-se para mim:

- Siga essa senhora, nós iremos por volta da meia-noite.

Caminhei em silêncio atrás da mulher, que, calçando alpargatas, avançava a passos silenciosos. Dobramos duas esquinas e entramos num prédio. Minha nova anfitriã preferiu não acender a luz e subimos a escada usando nossas lanternas. No terceiro andar, ela abriu uma porta e fez um gesto para que eu entrasse na sua frente. A luz se acendeu e... me vi diante de uma conhecida querida, a sra. Lucienne!

Minha surpresa era grande. Nos abraçamos e ela me introduziu no belo quarto que havia reservado para mim.

Eu devia estar sentindo muito frio, porque comecei a tiritar e a bater os dentes. A sra. Lucienne me ajudou a tirar as roupas, me deu uma camisola de lã e me preparou rapidamente um saco de água quente e uma infusão tépida.

Perto da meia-noite, bateram levemente na porta. Eram os Marius. Na presença dessas criaturas que me eram tão devotadas, desabei em lágrimas abundantes. Minhas decepções e minha amargura se esvaíram, aplacadas por um imenso sentimento de gratidão. Eles também pareciam emocionados, pois se é grande o regozijo daquele que é salvo, o regozijo por socorrer um ser humano desesperado deve ser superior, sem dúvida, para as pessoas de bom coração.

Conversamos, fizemos planos e, naquela noite, dormi tranquila.

A sra. Lucienne tinha sido, por 25 anos, enfermeira num hospital de Marselha ao qual se dedicara de corpo e alma. Aposentada, tinha se mudado para Nice, cidade de seus sonhos, onde com suas economias criara um lar aconchegante e acolhedor. Ela tinha equipado a residência com tudo aquilo de que se havia privado durante um quarto de século de trabalho duro. Tecidos de padrões alegres, numerosas almofadas, bibelôs divertidos enfeitavam a decoração; colibris de cores vivas, canários, periquitos, um papagaio verde e falante, um melro e até mesmo um pardal machucado, recolhido por piedade, enchiam duas gaiolas ou voejavam no cômodo.

Em frente às janelas e no interior do apartamento, sobre as mesas, por toda parte, havia flores em numerosos vasos. O apartamento era pródigo em perfumes, cantos e alegria.

Grande, robusta, muito morena, com belos olhos castanhos, a sra. Lucienne usava vestidos de cores vivas, longos brincos de pingente, enormes broches chamativos e, em sete dos dez dedos, anéis de pedras coloridas.

Viúva de um primeiro casamento, depois ainda se divorciara duas vezes. Os homens, dizia, tinham sido uma decepção.

Eu a conhecera havia pouco tempo, no pequeno restaurante que frequentávamos. Ela multicolorida, eu de preto dos pés à cabeça, tínhamos experimentado uma singular simpatia recíproca.

Sua grande experiência administrativa havia lhe incutido um espírito de funcionária. Dava crédito apenas às autoridades ou às diretrizes oficiais. Respeitava a polícia, que acreditava consagrada exclusivamente à repressão de crimes e à perseguição de malfeitores. Confiando sem reservas no seu jornal diário, era dele que retirava sua nutrição espiritual. O rádio e o jornal lhe forneciam, sem demandar maior esforço, opinião política e visão de mundo. Ela não gostava de forçar a cabeça, dizia, e aceitava com naturalidade o sentido comum das frases feitas. Francamente persuadida da liberdade de ação do Marechal[12] e de seu perfeito acordo com os vencedores, tinha sincera confiança na orientação política do momento.

Quando ocorreram as perseguições, ela primeiro se sentiu afrontada, pois era essencialmente uma boa pessoa. Mas as aulas de história judaica que acompanhava pelo rádio e os "malfeitos seculares" desse povo a tinham levado a admitir que as medidas em questão talvez fossem, embora penosas, necessárias. Esse ponto de vista nos havia afastado.

Meu espanto foi enorme, portanto, quando me vi subitamente diante da sra. Lucienne. Sabendo que corria perigo, ela ia regularmente à casa dos Marius para ter notícias minhas. Eles lhe contaram, naquele dia, que eu tinha sido vítima de um dedo-duro. Ela então lançou seu brado:

– Confio no nosso governo, já que o Marechal participa dele. Mas tenho pena dessa mulher. Ela sempre me pareceu honesta e correta. Não posso acreditar que seja uma criminosa. Vocês podem deixá-la comigo.

12 N.T.: Um mês depois da capitulação da França aos alemães (14 de junho de 1940), o regime nazista reconheceu o marechal Philippe Pétain – herói da Primeira Guerra e simpático ao fascismo – e seu gabinete como o governo do país. As tropas invasoras ocuparam o norte e o oeste industriais, incluindo Paris; o sul agrícola, ou zona livre, com sede em Vichy, passou ao controle de Pétain, que anunciou que trilharia "o caminho da colaboração" para preservar a unidade nacional. A democracia parlamentar foi substituída pelo regime autoritário, com suas leis de exceção. Ao final da guerra, Pétain foi condenado à morte. De Gaulle comutou a pena em prisão perpétua, que ele cumpriu até morrer, aos 95 anos, em julho de 1951.

Foi assim que me instalei no apartamento da sra. Lucienne. Avaliando as reservas que minha presença impunha ao seu senso de disciplina e às suas convicções, fiquei ainda mais comovida pelo sacrifício a meu favor.

Uma febre alta me prendeu à cama por uma semana. Foi realmente uma sorte ser hóspede, justo naquele momento, da sra. Lucienne, enfermeira e cuidadora de doentes de primeira linha.

Estabeleceu-se entre nós uma intimidade agradável. Ela cuidava de mim. Nós líamos. Ensinei-lhe um jogo de cartas, e a repreendia por sua distração porque ela esquecia as regras da noite para o dia. Ela até que se aplicava bastante, sem nenhum resultado.

Do que ela realmente gostava era que eu ouvisse seus discos. A cada disco estava ligada uma lembrança sentimental, que ela narrava com melancolia.

Uma parenta aposentada que morava com ela, e tinha sido dona de tabacaria, igualmente me adotou. As duas mulheres, oriundas de uma família tradicionalmente dedicada à administração, me cercavam de atenção e por vezes pareciam disputar, ciumentas, minha amizade. Mas ao mesmo tempo se davam conta de que "infringiam as leis da época" e sentiam escrúpulos em sua consciência de funcionárias exemplares. Eram "duas tempestades sob dois crânios".[13]

Não obstante, pareciam motivadas por seus corações de boas francesas. Toda vez que a Rádio Paris explicava as razões das medidas raciais, a sra. Lucienne ficava visivelmente preocupada com a legitimidade de sua atitude, mas, depois de me lançar um olhar discreto, girava o botão e dizia:

– Que se dane essa cláusula da colaboração!

13 N.T.: Referência ao título de um capítulo do livro *Os miseráveis*, de Victor Hugo.

E trocávamos então um sorriso de "*entente cordiale*".[14]

Para não chamar a atenção com malas, tinha saído do apartamento de Marion sem carregar nada. Dois dias depois, a sra. Marius foi buscar minhas roupas. Marion entregou a ela uma mala contendo uns poucos objetos insignificantes. Quanto aos vestidos, tinham sumido!

Marion contou que depois de minha partida, temendo uma operação de busca, havia deixado meus pertences no porão do edifício. De manhã, sabendo que a sra. Marius iria buscar a mala, fora pegá-la, encontrando-a arrombada, sem os dois vestidos dentro dela!

Antes de me anunciar esse novo roubo, os Marius quase fizeram um escândalo. Mas era um momento ruim para protestos. Era preciso combater a má sorte com sentimentos otimistas. Como de hábito, o sr. Marius jurou:

– Todos eles vão pagar caro depois da guerra. Palavra de honra de Marius!

A sra. Luciene e a sra. Radendorf me forneceram roupas.

Esses sinais comoventes de dedicação e bondade eram para mim um amparo inestimável.

*

Sem notícias de minha mãe e de toda a família, eu definhava de inquietação. Enclausurada, impossibilitada de sair, sem me mover, sem ar, sofria de uma insônia que aumentava minha tensão nervosa a um grau insuportável.

A título de recreação, não tinha mais que a Rádio Paris e o jornal francês de minha anfitriã. Ambos me deixavam

14 N.T.: Referência ao acordo de cooperação assinado em 1904 entre França e Inglaterra; outros países se integrariam à Entente na Primeira Guerra Mundial.

arrasada com o anúncio regular das derrotas dos Aliados e a defesa apoteótica da colaboração. Desse lado, nenhuma luz, nenhuma esperança.

O perigo persistia, ameaçador. As prisões eram diárias. A polícia às vezes agarrava no meio da rua um infeliz que tinha se atrevido a sair por uma necessidade insuperável de movimento e de espaço, ou para tomar uma providência importante e urgente.

Havia quem arriscasse a própria liberdade para se revigorar por um instante na atmosfera da cidade.

Muitas prisões ocorriam em frente aos consulados suíço e americano, aonde os refugiados iam se informar sobre a possível chegada de um visto ou uma notificação em seu nome. Nenhum deles tinha endereço fixo onde pudesse ser encontrado.

Toda vez que um novo esconderijo era descoberto, os jornais davam a notícia e aproveitavam para advertir a população do perigo que corria se continuasse a ajudar os refugiados.

Eu analisava sem cessar as possibilidades de me deslocar até a fronteira e de lá tentar fugir para a Suíça. Preparava febrilmente os detalhes da fuga, com o apoio de amigos da Suíça e de Nice.

O esconderijo com a sra. Lucienne teria durado até minha partida se dois incidentes não houvessem comprometido sua segurança.

O apartamento dava para jardins e um gramado. Como nunca me aproximava das janelas, ninguém podia me ver. Mas um dia em que lia à mesa, no meio do cômodo, tive a impressão de estar sendo observada. Na minha frente, inclinado sobre uma árvore, o zelador colhia figos. Vendo que o notara, me deu bom-dia. A sra. Lucienne recebia visitas com frequência, e minha presença talvez não o surpreendesse. O fato, contudo, nos deixou muito preocupadas.

Alguns dias mais tarde, quase fui apanhada por causa de um erro.

Como estava isolada do mundo exterior, amigos vinham me transmitir um recado urgente, me trazer uma carta, um aviso, um conselho, as notícias políticas dadas pelas rádios estrangeiras, ou simplesmente me contar os fatos banais do mundo lá fora.

Era uma forma de expressarem sua simpatia e me encorajarem. Para não chamar a atenção, essas visitas não podiam se multiplicar. Cada um devia anunciar-se com antecedência aos Marius e aproveitar um momento propício.

Foi assim que um domingo, depois do apagar das luzes, eu esperava a visita de um antigo vizinho. Ele estava voltando de uma viagem de orientação feita para apoiar amigos. Havia percorrido o Isère e a Saboia e viria me dar indicações úteis para a execução dos meus planos.

Ao chegar, ele viu, na porta do edifício, uma mulher parada na penumbra. Aproximou-se e perguntou se ela o esperava para levá-lo até a senhora polonesa. A mulher, que era justamente a todo-poderosa zeladora, respondeu que não havia "estrangeiros no prédio, mas só bons franceses".

Consciente da besteira que acabara de fazer, meu visitante se desculpou e partiu com a intenção de voltar um pouco mais tarde.

A zeladora não perdeu tempo e subiu a todos os andares para anunciar aos locatários que alguém procurava uma estrangeira que, ao que tudo indicava, se escondia no prédio. Ela também bateu na nossa porta, é claro.

Jamais vou esquecer o rosto ao mesmo tempo preocupado e desconsolado da pobre sra. Lucienne. Entrou no meu quarto correndo e, andando de um lado para o outro, agitada, repetia, torcendo as mãos: "Isso não vai dar certo... não vai dar certo... não vai dar certo... não vai dar certo!"

Ela me disse que o prédio inteiro estava em alerta. Era preciso, portanto, partir antes que o rumor chegasse à delegacia.

Como sempre, os Marius foram avisados, e fui devolvida - pela terceira vez - aos meus protetores habituais.

Eles me receberam com sua costumeira cordialidade e uma coragem de que não tinham consciência. A despeito de minhas sucessivas chegadas à casa deles serem o desfecho de situações desastrosas, me sentia feliz todas as vezes que transpunha aquele umbral. Sua solicitude inesgotável me dava uma sensação integral de estar fora de perigo.

*

Toda a circulação - ferrovias e rodovias nacionais - estava sob controle das autoridades alemãs e da polícia francesa às suas ordens. Na entrada e saída das estações, diante dos guichês, nos cais, nas principais estações de bondes, nos postos da periferia, os passageiros eram interpelados por gendarmes que examinavam seus documentos. Nos trens, a polícia alemã, em trajes civis, irrompia sem aviso prévio, às vezes repetindo as revistas num mesmo trajeto. Nas estradas, todos os veículos, de automóveis de luxo a carroças puxadas por burros, eram parados. Todos os estrangeiros estavam proibidos de sair de casa, a menos que tivessem um salvo-conduto. Este documento não era entregue aos estrangeiros de raça judaica. Entretanto, era preciso tentar fugir a qualquer custo: para eles, o único meio de se salvar! Dilema insolúvel!

O sonho de todo refugiado era escapar para a Suíça, a Espanha ou a Inglaterra. A pessoa recorria a meios que eram simultaneamente engenhosos, incertos e arriscados. Os métodos se multiplicavam e se aperfeiçoavam com o tempo.

Os mais corajosos simplesmente botavam o pé na estrada e caminhavam à noite, escondendo-se de dia no campo, nas florestas ou na casa de anfitriões caridosos. Numerosas famílias francesas se ofereciam para dar asilo. Uma verdadeira organização se formou, com ramificações em diferentes cidades, meios de correspondência secreta, mensageiros, agentes de comunicação e até mesmo transporte de bagagens! Às vezes, impossibilitados de prosseguir, os fugitivos eram abrigados por dias, semanas e até meses por seus anfitriões franceses. Estes não só dissimulavam a presença dos hóspedes, mas descobriam meios de alimentá-los. O que era um desafio, pois os infelizes não dispunham mais de cartões de abastecimento.

Seria possível escrever um livro inteiro sobre a coragem e generosidade dessas famílias que, arriscando as próprias vidas, ajudaram os fugitivos em todas as províncias e até mesmo na França ocupada. Não era raro o uso de documentos de identidade franceses, o que liberava as viagens sem autorização especial.[15] E havia por toda parte na França pessoas de boa vontade que não hesitavam em emprestar seus documentos.[16]

Em novembro de 1942, uma nova decisão estipulou que todo viajante devia levar consigo, ademais do documento de identidade, os cartões de abastecimento. Isso era grave, porque um francês podia dispensar por algum tempo os documentos que comprovavam sua legalidade, mas não podia ficar muito tempo sem seus talões de alimentação.

15 N.A.: Em junho de 1943, essa liberdade foi reduzida quando se estendeu aos cidadãos franceses a obrigação de apresentar salvo-condutos.

16 N.A.: Os documentos de identidade franceses discrepavam eventualmente do sotaque estrangeiro dos fugitivos. O subterfúgio se tornava flagrante em casos de controle. As revistas policiais logo descobriam os documentos verdadeiros que os fugitivos guardavam pensando no futuro.

Nasceu então uma nova indústria, e logo se tornou muito florescente: a fabricação de papéis para os fugitivos; indústria que foi se juntar à já existente dos documentos de identidade.

Eram escolhidos nomes de franceses residentes longe, nas zonas interditadas, nas colônias ou no exterior, onde o controle era impossível. Os documentos de identidade falsos serviam também para aqueles que não podiam fugir. Durante a Ocupação, numerosos estrangeiros surpreendidos na França pela guerra, tanto judeus como meros cidadãos de países em luta contra a Alemanha - ingleses, belgas, holandeses, noruegueses, poloneses e russos -, tiveram de se esconder sob tais nomes. Eles não precisavam conseguir cartões de abastecimento falsos porque o estado civil autêntico que haviam declarado lhes dava direito a obter cartões verdadeiros.

Hábeis desenhistas e gravadores forneciam esses documentos, imitações que por vezes alcançavam a perfeição e, também, preços fabulosos! Os preços variavam conforme a conjuntura: recrudescimento ou relaxamento das perseguições. Muita gente se desfazia de seus pertences e vendia parte das roupas para adquirir os indispensáveis papéis.

Organizações francesas clandestinas logo passaram a fornecer tais documentos gratuitamente; davam conselhos e indicações úteis, além do dinheiro necessário aos deslocamentos e roupas aos que chegavam desprovidos de tudo.

Essas organizações dispunham de subvenções secretas, e não se ignorava que eram dirigidas por personalidades francesas religiosas e laicas.

Em dezembro de 1942, o governo de Vichy duplicou seu aparato policial, multiplicou as medidas de controle, reforçou a vigilância. Cercas de arame farpado foram estendidas por toda parte, e cães policiais começaram a ser utilizados.

Chegou um momento em que ninguém mais ousava aventurar-se sozinho nas estradas. As pessoas passaram a recorrer a guias que conheciam os caminhos, as trilhas, as veredas secretas, os riachos fáceis de atravessar, a passagem pela montanha de percurso mais acessível.

Tais guias contavam com um bom número de informantes e a ajuda da população; em alguns casos, tinham até mesmo a cumplicidade de gendarmes e autoridades aduaneiras. Eram os chefes de um novo tráfico, o tráfico humano. A profissão de "traficante" acabava de nascer.

Quando uma expedição fracassava, os fugitivos eram conduzidos à prisão mais próxima, onde, depois de cumprir pena por tentativa de travessia ilegal da fronteira, eram submetidos à triagem e, segundo sua idade e nacionalidade, enviados aos campos de concentração franceses ou aos fortes militares. Ali, uma nova classificação os conduzia a deportação definitiva.

*

Entre os campos franceses figuravam: Noë, para velhos, doentes e deficientes; Récébédou, perto de Toulouse; Masseube (Gers); Rivesaltes (Pirineus orientais); o centro de Rabès (Corrèze); Gurs (baixos Pirineus), para os judeus da Alemanha, Holanda, Palatinado e grão-ducado de Baden.

Esse último campo recebeu, a partir de 1941, todos os refugiados judeus estrangeiros, sem distinção de nacionalidade. Era o mais terrível de todos os campos, um verdadeiro inferno. No inverno de 1940-41, de quinze a 25 pessoas morriam ali diariamente, de esgotamento, doenças, frio e epidemias.

O campo de Drancy (Le Bourget), por fim, recolhia os estrangeiros de raça judaica vivendo há muito tempo na França, bem como os refugiados recentes, destinados à deportação.

Acontecia com alguma frequência que prisioneiros dos campos franceses fossem libertados graças às mais diversas intervenções. Do campo de Drancy, sob controle direto das autoridades alemãs, ninguém jamais voltou.

*

Acidentes, roubos, chantagens, prisões, deportações e tentativas frustradas disseminaram-se rapidamente pelo país.

O número de fugas, por outro lado, diminuiu muito depressa. Esgotados pelas provações, enfraquecidos pela longa reclusão e a inércia dela resultante, os refugiados tinham perdido toda a energia. Fugir era um empreendimento de envergadura, com resultados excessivamente aleatórios. Resignados, acabavam por esperar passivamente seu destino, renunciando aos planos e, ao mesmo tempo, a qualquer esperança.

Apenas alguns destemidos, sobretudo jovens, preferiam enfrentar o perigo. Partiam levando consigo venenos fortes, armas ou, na falta deles, uma dose de sonífero suficiente para matar-se em caso de fracasso.

Qualquer pessoa dispondo de um visto de entrada em outro país se punha a caminho sem um pingo de hesitação.

Eu aguardava justamente o visto para a Suíça e, para não comprometer essa possibilidade de salvação, devia prolongar a estadia em Nice.

*

Havia em Cimiez um prédio novo e bonito onde moravam, no quinto andar, duas senhoras. Eram extraordinariamente parecidas: altas e magras, com antipatias e gostos iguais. Mãe e filha, ambas tricotavam desde que haviam sofrido reveses da sorte. Naqueles dias de guerra, o custo do aluguel infelizmente superava seu orçamento, de modo que elas procuravam um sublocatário. Eu mais uma vez procurava um refúgio seguro. Ou seja, nossos interesses convergiam.

Na verdade, nenhuma delas estava disposta a ceder um quarto, pois cada uma fazia questão de manter o seu.

Foi finalmente combinado que eu dormiria num sofá da sala e me levantaria cedo a fim de evitar que eventuais visitantes me vissem.

Devo reconhecer que as duas mulheres eram trabalhadoras, econômicas, excelentes donas de casa. Patriotas ao ponto do chauvinismo, viviam afligidas por dois defeitos insuportáveis: um, a xenofobia, lado do avesso do seu patriotismo excessivo; o outro, a inveja.

Elas se mostravam invejosas de tudo e a propósito de tudo: de uma carta ou de um recado transmitido indiretamente por algum amigo da Suíça, de uma visita, de um gesto de simpatia, cordialidade ou dedicação. Tinham inveja dos mantimentos que eu recebia, inveja até mesmo de uma esperança e de uma alegria, embora estas fossem tão raras naquela época sombria de minha vida. Não me suportavam senão no meu estado normal, isto é, perseguida, abatida, desesperada.

Não perdiam a oportunidade de me fazer sentir amargamente sua disposição. Sem um quarto, eu não tinha sequer um cantinho onde me isolar. Essas ocasiões eram frequentes e, em resumo, permanentes.

*

A chegada dos italianos aos Alpes Marítimos pareceu seguir-se a uma decisão improvisada. Durante horas, comboios de artilharia, infantaria e tropas alpinas com centenas de burros, seguidos por caminhões e ambulâncias, desfilaram na alameda. O estado-maior italiano se instalou num palácio do Centro.

Uma notícia inesperada logo se espalhou: graças à intervenção da Santa Sé, os ocupantes decretaram a suspensão imediata das perseguições.

A sinagoga de Nice, profanada por inscrições brutais e com os vitrais quebrados, foi limpa, arrumada e devolvida ao culto.

Os refugiados de raça judaica foram convidados a comparecer às delegacias de polícia para se inscrever e à prefeitura para renovar os documentos de identidade e as autorizações de residência; os locadores receberam ordens de restituir tudo o que guardavam. A proteção dos judeus pelo ocupante italiano foi notificada à comunidade israelita. Refugiados que haviam escapado às buscas se reuniram então diante da Prefeitura. Eles formavam um grupo pequeno.

Descendentes de uma longa sucessão de ancestrais entre os quais foram muitos os perseguidos, os torturados e os privados de seus bens durante gerações, os judeus têm, sem dúvida, o instinto do perigo. Não obstante a atitude liberal das autoridades italianas, eles desconfiavam do futuro. Cada um aproveitou a calmaria para preparar sua fuga para as regiões de Creuse, Isère e sobretudo Saboia, de modo a se aproximar da fronteira suíça.

*

Aproveitei a trégua momentânea que a Ocupação italiana oferecia para colocar meus assuntos em ordem. Como todo mundo, fui renovar minha autorização de residência e também os documentos de identidade e abastecimento. Tive a prudência de não dar meu endereço verdadeiro nem na delegacia nem na Prefeitura: anotei o endereço do hotel onde tinha ficado antes.

Podendo circular novamente, preparei às pressas minha partida. Nada mais me obrigava a viver no apartamento das duas tricoteiras de Cimiez. Fui então me instalar numa *villa* nos fundos de um jardim abandonado, casa de uma parisiense septuagenária que conhecia havia dois anos.

Prevendo as perseguições futuras, que considerava inevitáveis, cerquei minhas idas e vindas de mil precauções. Procurava não ser vista nem chamar a atenção.

Primeiro juntei todos os meus valores líquidos disponíveis. Como o hotel tinha devolvido minhas três malas, providenciei a venda de meus pertences, desde a máquina de escrever até um anel. Assim, transformei em efetivo, peça por peça, tudo o que foi possível, porque dos meus planos de fuga não fazia parte bagagem alguma que entravasse os movimentos.

Enchi uma pequena valise com três vestidos, umas poucas roupas de baixo e alguns objetos indispensáveis por serem recordações valiosas, fotografias entre eles. Essa bagagem devia encontrar-se comigo na Suíça.

Mais uma vez, separava-me de minhas três malas errantes, cujas aventuras extraordinárias já evoquei antes.

Em 15 de dezembro de 1942, fui ao Consulado da Suíça perguntar se meu visto havia chegado. Depois de verificar a correspondência, o secretário pegou a que me dizia respeito.

Fui invadida por uma emoção complexa em que se misturavam alegria e preocupação. Eu sabia muito bem que a viagem para a fronteira comportava uma alternativa: salvação ou aniquilação.

O secretário do consulado, muito amável, carimbou meu passaporte e me advertiu que "naturalmente a fronteira estava fechada no momento". Assim como eu, ele sabia que essa circunstância, no caso, nada significava: eu não podia sair legalmente da França.

Então chegou a hora de conseguir documentos de identidade e de abastecimento de uma francesa. A mulher que me hospedava estava a par de todas as minhas dificuldades e espontaneamente se declarou disposta a me ajudar. Ela já havia perdido seus documentos duas vezes, contou, mas a polícia só lhe impusera uma advertência leve, sem dúvida por causa de sua idade avançada. Os dois documentos haviam sido renovados mediante o pagamento da multa habitual.

Minha anfitriã afirmou que "dessa vez iria perder os documentos por uma boa causa". Igual a tantos franceses, ela se opunha vigorosamente às diretrizes do governo e aos horrores que ocorriam no seu país. Mais um gesto generoso que me beneficiava!

Eu devia, antes de tudo, cumprir a complicada tarefa de incluir nos documentos da minha benfeitora os detalhes que deviam constar no meu registro. Quanto esforço, quanta paciência, quanto cuidado atento, quanta habilidade foram necessários para remover suas características de idade, altura, cor dos olhos, formato do rosto e do nariz, e substituí-los pelos meus.

Por azar, minha benfeitora tinha uma verruga no queixo! Este sinal particular figurava em relevo no rosto dela e, fato muito mais grave, no seu registro. É assim que no drama da vida muitas vezes se mescla um elemento cômico, ou curioso, e meus amigos e eu nos debruçamos inquietos, por oito dias, sobre esse detalhe decorativo.

Deveria me disfarçar com uma verruga postiça? Mas não havia artistas especializados em tal matéria, e o que finalmente tivemos de fazer foi dar sumiço à incômoda característica, mesmo sob o risco de deixar traços de que o documento fora raspado. Num estado de extremo nervosismo, mas com infinita destreza e tomando mil precauções, conseguimos remover, bem ou mal, esse sinal particular.

Vinha em seguida a tarefa não menos delicada de arrancar a foto, firmemente colada sobre papelão, e substituí-la pela minha. Nesse caso, foram necessários muito tempo e muita paciência.

No tocante a sobrenome, nome e local de nascimento, obviamente os adotei. Eu me chamaria doravante, de acordo com os imperativos da causa, Blanche Héraudeau, nascida em Paris, rue de Clichy. O carimbo da prefeitura devia fazer o produto parecer autêntico. Ele foi desenhado a pincel! Os especialistas de renome dispunham de carimbos que, é claro, imitavam à perfeição os verdadeiros, e alguns tinham acesso à impressão oficial, mas a preços inacessíveis para mim.

Os documentos enfim ficaram prontos, e tinham, se não fossem verificados muito de perto, um aspecto bastante exato...

*

Todos os meus papéis franceses estavam em ordem, e, costurado no casaco, o documento de identidade autêntico tinha o visto suíço carimbado. Decorei meu nome e sua ortografia e me apliquei em imitar a assinatura de minha benfeitora. Com os nervos à flor da pele, mas contando especialmente com o visto suíço, eu me sentia privilegiada e pronta para viajar.

Os Marius, para os quais eu me tornara com o tempo uma espécie de vaso muito frágil que eles tinham se habituado a mover com precauções tocantes, concordaram que não podiam me deixar viajar sozinha. Isso nunca! E eis que ambos já discutiam entre si a possibilidade de me acompanhar. A sra. Marius, de uma pureza angelical, parecia pouco qualificada para resolver eventuais pendências com a polícia. Por outro lado, a ausência prolongada do sr. Marius produziria um disse-me-disse no bairro.

Fui mais uma vez ajudada pela Providência, que parecia determinada a me conduzir rumo à salvação.

Um *habitué* dos Marius comentou, no meio de uma conversa, que iria passar as festas de Natal em sua propriedade de Isère. O sr. Marius imediatamente planejou nos colocar em contato. Conhecendo os sentimentos de bom francês do seu cliente, expôs-lhe abertamente meu caso.

O sr. Jean Letellier, arquiteto de profissão, antigo combatente e, ademais, republicano, se prontificou a me tomar sob sua proteção e veio falar comigo. Os detalhes da viagem foram verificados e as decisões pertinentes foram tomadas. Sob a égide do meu novo protetor, eu iria até Grenoble, onde ele ficaria comigo o tempo que fosse necessário.

Às vésperas do Natal, os trens estavam apinhados. Era preciso tomar de assalto os lugares, mas conseguimos finalmente nos sentar. Tínhamos combinado que meu companheiro se ocuparia da bagagem, entregaria nossas passagens ao controlador e responderia, tanto quanto possível, todas as perguntas.

O trem não tinha aquecimento; o sr. Letellier estendeu uma grande manta de viagem sobre nossos joelhos, e, rindo, me disse:

– Podemos passar por um casal de férias. Vamos fingir que estamos apaixonados.

A viagem começou, assim, sob auspícios favoráveis.

Meu companheiro de viagem era o homem ideal para aquela situação: de velha estirpe francesa, tinha o tipo físico do gaulês, sem os bigodes, evidentemente. Vestia um colete de pele de carneiro, com um gorro combinando. Ele dava a impressão de ser um castelão de regresso às suas terras.

O trajeto transcorreu sem incidentes até Marselha. Cada um ficou imerso em sua leitura, mas eu interrompia a minha de vez em quando para relembrar meu nome e sobrenome.

O controle das passagens aconteceu sem problemas. Mas eis que em Marselha surgiram três indivíduos sem barba, ar sombrio, que exigiram nossos documentos para verificação de identidade. Sem precipitação, estendi os meus quando chegou minha vez. Afetando indiferença, eu sorria para a encantadora jovem sentada na minha frente, que, ela sim, buscava freneticamente documentos que não conseguia encontrar... na própria bolsa.

O sr. Letellier me disse, mais tarde, que meu sorriso naquele momento lhe parecera ao mesmo tempo sedutor e estúpido, e que ele precisara se esforçar para não estourar de riso. Do fundo do coração eu lhe agradeci por apaziguar a minha inquietude com bom humor, e por aparentar despreocupação apesar da sua própria emoção.

Vinte minutos antes da chegada a Grenoble, segundo controle. Desta feita, ocorreu um incidente. Agentes da Gestapo pediram a certidão de batismo a uma senhora – que depois soubemos ser belga – cujos papéis estavam em ordem.

– Tenho 42 anos e precisei da certidão de batismo quatro ou cinco vezes na vida, mas nunca me passou pela cabeça trazê-la numa viagem.

– A senhora é estrangeira e seus documentos não têm nenhuma menção de sua confissão religiosa – respondeu um dos policiais.

Ao que a senhora redarguiu:

– Mas eu tenho um salvo-conduto! Ou a essa altura alguém imagina que estão dando salvo-condutos para judeus?

Nesse momento, um passageiro interferiu:

– Eu conheço essa senhora há anos, é minha vizinha. Eis minha carteira de diretor de fábrica em C... O marido dela é proprietário de uma fábrica em Charleroi.

Os agentes não insistiram. Desapareceram para continuar, em outro lugar, a perseguir e a encurralar sua caça.

É fácil imaginar meus sentimentos durante esse intervalo.

IX

GRENOBLE

CHEGAMOS A GRENOBLE à noite. Os hotéis, às vésperas das festas, estavam lotados. Só encontramos hospedagem num hotel de luxo, justamente aquele em que estava instalada a comissão italiana.

O sr. Letellier inspirou tamanha confiança ao recepcionista que preencheu as duas fichas sem apresentar nossos documentos.

Ficamos ali vários dias. Não houve problema algum. Era sem apreensão que eu cruzava, na escada, no saguão e no restaurante, com os representantes das autoridades de Ocupação.

Tinha sido avisada de que havia na cidade uma organização secreta atuante – com bastante segurança – nos departamentos de Isère e Saboia. Recebi uma senha para procurá-la e encontrar um guia experiente.

Uma noite, às seis horas, estava na sede da organização, numa velha escola meio destruída aonde só conseguira chegar com grande dificuldade.

Um homem idoso anotou meus nomes e sobrenome verdadeiros, bem como os endereços de amigos na Suíça e na França, “para avisá-los em caso de alguma desventura”, e recomendou que levasse comigo, se possível, calçados apropriados para a montanha, meias de lã e lanterna. Depois me deu um endereço num bairro na periferia da cidade. Eu deveria ir lá ainda naquela noite, às oito horas, para receber todas as informações úteis.

À hora indicada, cheguei a um casarão, onde fui recebida por um senhor de quarenta e tantos anos, aspecto decidido e enérgico. Ele examinou meus documentos, os verdadeiros e os falsos, e também meu visto suíço. Entreguei-lhe a quantia destinada ao guia, e recebi dele as instruções definitivas.

*

Eu deveria estar na entrada da estação às oito da manhã. Teria de seguir um homem jovem com roupa de operário, que carregaria um pão como senha. Fomos ao encontro na hora marcada e vimos, com efeito, recostado muito à vontade, na grade da entrada, um operário com uma bisnaga embaixo do braço. Digo "nós" porque o sr. Letellier ainda me acompanhou nesse último trajeto.

O operário subiu no trem em direção a Annemasse, e nos acomodamos no mesmo vagão, mas num compartimento vizinho.

A cada parada do trem, vigiávamos a plataforma para ver se nosso cicerone tinha descido, o que ele fez depois de várias estações.

Saímos do trem. O operário deixou a estação, e nós atrás dele. Depois de andar quinze minutos, vimos nosso homem passar para o lado direito da rua. Duas moças e um rapaz, carregando equipamento completo de alpinistas, se colocaram ao seu lado. Fomos avançando assim, a certa distância uns dos outros. Nosso guia finalmente parou na frente de um albergue, acendeu um cigarro e entrou. Os três jovens passaram pela casa, contornaram-na e desapareceram por uma porta que dava para o pátio.

Continuamos nosso trajeto, aparentando hesitar entre o albergue e o restaurante que ficava um pouco mais distante. Depois entramos.

A dona do albergue nos levou discretamente até uma sala pequena, onde estava tudo pronto para uma refeição. O jovem disfarçado de operário se livrou do pão, se aproximou e se apresentou como assistente da associação de ajuda aos fugitivos. Enquanto aguardávamos o guia, propôs que sentássemos à mesa e recomendou que comêssemos, já prevendo a longa caminhada que nos esperava.

Minutos depois de nos acomodarmos, entrou na sala uma mulher acompanhada de duas crianças. Enquanto o garoto, de uns dez anos, vinha se sentar à nossa mesa, a mãe conduziu pela mão a menina, que devia ter uns catorze anos, como se faz com uma criança pequena, e depois a sentou com delicadeza ao lado do irmão. A menina tinha um tipo israelita muito pronunciado, na sua expressão mais pura: pele de alabastro, grandes olhos negros, profundos e aveludados, cabelos de um negro azulado que caíam em cachos ao redor do seu rosto delicado. Mas a expressão daquela criança era estranhamente longínqua, quase ausente.

Foram servidos depressa, porque o guia deles devia chegar de um momento a outro. O menino comia com apetite e a despreocupação típica da idade. A menina estava imóvel, e a mãe começou a alimentá-la com uma colher. Ela então contou à aflita dona do albergue que a filha se encontrava naquele estado desde a noite em que, despertada pelo tumulto, havia assistido à prisão do pai.

– Consultei um médico de Grenoble. Ele me assegurou que ela vai voltar ao normal. Na Suíça há grandes especialistas que com certeza vão curar minha querida Rachel – concluiu com um suspiro.

O sr. Letellier me disse, a voz magoada:

– Deus do céu, Deus do céu, e é na França que estão acontecendo essas coisas!

Nesse meio tempo, entrou na sala um camponês. A mãe se levantou, seguida do menino, apanhou seu pequeno embrulho, pegou pela mão a menina enlouquecida e nos deu adeus com um gesto.

O grupo trágico desapareceu atrás do homem, rumo à salvação... ou à deportação.

Ficamos em silêncio, cada um de nós imerso em seus pensamentos.

O guia que nos faria cruzar a fronteira demorava a chegar. Às duas horas, nosso jovem guia ficou nervoso. Foi consultar a dona do albergue e voltou inseguro.

Até que a mulher, que havia saído para se informar, voltou para anunciar que o sr. Charles não tinha sido encontrado no vilarejo.

– Espero que não tenha acontecido nada com ele. É uma pessoa de palavra, e sempre muito pontual – ela suspirou. – Mas, enfim, quem está aqui é Julot. Vocês querem falar com ele?

– Julot? Julot? – retrucou o guia jovem. – Mas isso é muito irritante. Tenho ordem de entrar em contato com Charles. Não sei o que fazer. Telefonar? Impossível. Levar meu pessoal de volta para Grenoble é ainda mais perigoso. Não dá para retroceder! Então me envie Julot. Pode ser que eu o conheça, mas não é o Charles! Esse é que é o melhor. Estou numa bela de uma enrascada!

Ele estava arrasado. Nossa inquietação crescia, como se pode imaginar.

Um quarto de hora mais tarde, um homem entrou na sala. Seu aspecto por si só me inspirou a mais forte antipatia. Agressivo, o rosto e as mãos sujos, ele falava aos berros e se exprimia com grosseria.

– Se não querem nada comigo, podem ir sozinhos. É sempre Charles, Charles isso, Charles aquilo. Então que se arranjem com o Charles! Pra mim chega desse trabalho forçado! Prefiro ir me divertir no vilarejo.

Nosso guia o levou ao aposento contíguo. Conversaram por alguns instantes e, quando voltaram, Julot despejou sobre nós o discurso:

– Precisamos sair logo. Estamos no inverno, o sol some depressa. Ouçam bem: eu vou na frente, a pé ou de bicicleta. Vocês me seguem, a uma distância razoável, bem entendido. Se eu parar, vocês se aproximam. Se eu me sentar no declive, ou ficar de cócoras, é porque há perigo. E aí vocês entram sem pressa na floresta. Entendido? Se os canas abordarem vocês pedindo documentos, vocês mostram com naturalidade, sem hesitar, educadamente. Se forem liberados, continuem a andar e me encontrem algumas centenas de metros adiante, atrás de uma árvore. Mas se aqueles ignorantes não gostarem dos papéis e levarem vocês, ninguém jamais me viu nem me conheceu! Vocês não podem dizer que eram guiados, nem quem guiava, nem para onde iam. Vocês não me conhecem! Para vocês, minha prisão não serviria de nada, e iria prejudicar os seus companheiros que chegam todos os dias e nós salvamos. Um guia que cruza a fronteira, hoje em dia não têm muitos sobrando! Então, estamos de acordo, senhoras e senhores?

– De acordo – respondemos.

Eu não estava minimamente convencida do sucesso da expedição sob tal condução. E, coisa estranha, apesar da consciência profunda do erro grave que estávamos a ponto de cometer confiando naquele homem, nada fiz para impedir! Ouvi o sr. Letellier dizendo a Julot que eu lhe entregaria os documentos de identidade, e que estes deviam ser devolvidos a ele mais tarde, no albergue, onde esperaria o resultado da empreitada.

Com muita frequência me perguntei *por que* aceitei seguir aquele contrabandista que me inspirava tanta aversão e desconfiança. Acredito que foi pelo desejo, mais forte que tudo, de acabar logo com aquilo, de não pensar mais, não procurar mais, superar a situação. Eu era como o afogado que desiste de lutar e se abandona ao mar.

Os jovens carregaram suas mochilas tirolesas, sacolas e cobertores. Eu peguei automaticamente minha trouxa de roupas.

*

"Vamos sair, vamos sair", nos pressionava Julot. Agradeci calorosamente ao meu acompanhante de Nice por tudo o que havia feito por mim. Despedia-me num verdadeiro estado de semiconsciência, como que ausente.

– Vamos sair – insistia Julot.

Ao passar na frente dele, senti seu forte hálito de álcool. Devia ter bebido copiosamente. Tal constatação ainda me deixou indiferente. Era tarde demais, tarde demais para qualquer coisa. O destino cego é que deveria decidir.

Enveredamos pelo caminho. Sol fraco, paisagem inteiramente branca, neve firme sob nossos pés. Durante cinco quilômetros seguimos Julot, os jovens e eu, a uma distância de pouco mais de cem metros. Acercando-se de um grupo de casas, ele parou e nos esperou.

– E se eu comemorar os cinco quilômetros com um gole? – perguntou em tom convincente.

Passei-lhe uma nota e ele entrou no quiosque. Continuamos a avançar, em ritmo menos acelerado. Logo Julot nos alcançou.

Retomamos uma cadência mais rápida. Ao cabo de uma hora, meus companheiros tinham avançado muito mais do que eu. Fui reencontrá-los no entroncamento de um caminho. Julot me aguardava a fim de nos dar novas instruções. Implorei que não se afastassem muito, para não perdê-los de vista. Uma moça replicou:

– Cada um anda do jeito que pode. Isso não é um passeio.

Outra corrigiu:

– Mas Suzy, é preciso poupar a senhora. Ela não tem mais a nossa idade.

Por algum tempo, todos andaram menos depressa. Meia hora depois, porém, meus jovens companheiros já estavam longe, fora de vista. Continuei no caminho até que, numa nova curva, vi Julot, apoiado sobre sua bicicleta, rodeado pelos jovens. Ele anunciou:

– Vamos chegar agora a um túnel. Vamos atravessá-lo. Em seguida, há um viaduto. Vamos seguir por ele, e o caminho vai aparecer de novo.

Dirigindo-se a mim, acrescentou:

– Quando sairmos do viaduto, vou parar antes de entrarmos no vilarejo. Nesse momento, vocês me passam seus documentos, que vou enviar ao senhor do albergue... O vilarejo, vocês vão atravessar sem se esconder. Vocês são turistas, e por aqui passam muitos turistas. Depois do vilarejo, vão chegar a uma linha férrea. Parem perto da passagem de nível e pronto, já vão estar lá! Vou mostrar a vocês o lugar por onde vão escapar para a Suíça. Entendido, todo mundo?

– Entendido – quatro vozes responderam.

Quinhentos metros adiante, entramos no túnel ferroviário e fomos imediatamente cercados por uma completa escuridão. Por sorte, tínhamos seguido o conselho da organização e levávamos lanternas.

É difícil imaginar o que foi essa caminhada no interior das trevas!

As pedras sob os dormentes da via férrea se moviam sob nossos passos. Julot nos precedia, carregando a bicicleta nos ombros, esforçando-se para manter o equilíbrio. Os jovens estavam agora apenas uns poucos metros na minha frente. Tropeçávamos o tempo todo. Uma das moças perdeu um salto do sapato e parou para arrancar o outro à força. Eu avançava com dificuldade crescente. Caí mais de uma vez.

Uma luz tênue cresceu ao longe. Estávamos nos aproximando da saída. Paramos para recuperar o fôlego e olhamos ao redor.

Abaixo, num vale, uma cidade.

– Genebra – sussurrou Julot, antes de entrar no viaduto empurrando a bicicleta.

Nós o seguimos. Faltavam dormentes em alguns pontos. O viaduto, obviamente, não se destinava ao uso de pedestres. Abaixo se estendia o leito de um rio seco, coalhado de seixos e rochas. Tomada de vertigem, eu me esforçava para não olhar o abismo. Comecei a contar os dormentes a fim de fixar a atenção. Com muita força de vontade, enfim consegui enxergar nada além deles.

De novo pusemos os pés em terra firme. Como que livres de um entrave, os jovens retomaram o caminho com energia redobrada. Eu estava simplesmente extenuada, no final de minhas forças.

O céu começava a escurecer. O dia declinava.

Julot parou.

– Seus documentos – me disse.

Entreguei-os. Ele os colocou num tronco de árvore que parecia usar habitualmente como esconderijo, porque retirou lá de dentro um maço de cigarros e um envelope.

Partimos novamente.

Meus pés estavam tão inchados que não conseguia mais acompanhar os outros. Sentei no declive para tirar os sapatos, que me comprimiam dolorosamente. Entretanto, vendo que os outros se afastavam depressa, me levantei e voltei a caminhar, de meias, sobre o terreno duro e branco devido à geada. Por sorte, tinha encontrado e comprado em Grenoble meias de lã especialmente grossas, mas creio que, em caso de necessidade, teria caminhado de pés descalços. Sem sapatos, melhorei meu desempenho.

Uma bruma leve descia sobre o campo.

Inúmeras luzes cintilavam em Genebra, que parecia cada vez mais próxima. Ao meu redor, porém, só havia negrume. À luz suave de minha lanterna, caminhava como num sonho, a alma vagando, o cansaço me tomando inteiramente, o espírito ausente. Seguia o caminho de acordo com as indicações de Julot. Cheguei ao vilarejo, contornei a fonte e me encontrei diante da passagem de nível.

Silêncio. Ninguém!

Meus companheiros haviam desaparecido. Pareciam ter se dissolvido...

Parei, sem saber que direção tomar. Tiritava. Aproveitei essa nova parada para recolocar os sapatos. Tinha certeza de estar no lugar onde, após a travessia dos trilhos, Julot devia nos indicar a passagem. Mas não podia distinguir mais nada, tamanha a opacidade da bruma.

Por um momento, pensei que o melhor seria dar meia volta, recuperar os dois documentos e voltar para a hospedaria; ao mesmo tempo, porém, sentia que jamais conseguiria chegar até lá.

Meu cansaço físico era tamanho que sentia uma indiferença próxima do aniquilamento. Subitamente, adormeci.

Acordei por um esforço inconsciente. Aquele rápido descanso me tinha devolvido um pouco de energia. Agora, acostumada à escuridão, distinguia vagamente um caminho que virava à esquerda. Três passos à minha frente havia uma ravina e sombras de árvores ao longo dela. Sem conseguir enxergar mais longe, tive a ideia de explorar a ravina para distinguir aonde ela levava.

Assim que esse plano germinou em meu espírito, o lugar passou a exercer sobre mim uma atração estranha, um fascínio misterioso. Eu avançava tateando... quando, de repente, uma luz forte me atingiu em pleno rosto e me ofuscou. Fechando instintivamente os olhos, ouvi uma voz zombeteira me interpelar:

- O que a senhora faz aqui, no meio da noite?

Era um agente aduaneiro.

- A senhora está buscando os outros, que seguiram na frente? - prosseguiu o homem. - Venha, eles estão esperando.

E me pegou pelo braço.

Demos no máximo uns cinquenta passos até chegar ao posto da Alfândega. À luz das lanternas, divisei a cancela. Do outro lado, a alguns metros... a Suíça.

X

NA FRONTEIRA

ENTRAMOS NUMA SALA grande e cheia de gente, onde se encontravam dois agentes aduaneiros, vários gendarmes e um soldado alemão. O agente que me havia detido anunciou em tom jovial:

– Estou pegando mais uma para o último lote! Ela faz parte do grupo do contrabandista que sumiu.

Ele esfregava as mãos alegremente junto ao aquecedor, parecendo satisfeitíssimo pelo "dever cumprido".

Fui levada ao aposento vizinho, onde dois gendarmes estavam sentados a uma mesa repleta de papelada burocrática. Em destaque, uma máquina de escrever, a folha branca à espera. Nos bancos, junto à parede, revi meus companheiros, quase desfalecidos.

Hoje, sinto como se fosse um sonho mau o que sucedeu depois, durante muitas horas. Nos bancos, duas moças aos prantos, um rapazinho atordoado e uma mulher morta de cansaço e de frio, todos soluçando, dilacerados, as roupas e os cabelos em desalinho, a expressão ausente, formam um grupo lamentável. Dois rapagões robustos, de uniforme francês, interrogam sem parar: "Sobrenome? Nomes? Origem? Raça? Religião? Nacionalidade? Condenações anteriores? Documentos? Motivos do deslocamento?"

Os homens fazem as perguntas em tom severo, presunçoso, parecendo realmente esperar respostas que já conhecem, porque faz meses que as ouvem mil vezes!

– Fuga devido a risco de prisão na Alemanha – responde uma moça cujos cabelos cacheados emolduram um bonito rostinho, chorando copiosamente.

– Fuga por causa do campo de concentração – explica a outra moça, nem um pouco bonita mas de olhar inteligente.

– Fuga para encontrar mamãe, que já está na Suíça – diz simplesmente o garoto.

– Fuga por risco de deportação – digo eu na minha vez.

Aplicados, diligentes, os dois gendarmes registram nossas declarações. As máquinas de escrever soam, tlac-tlac-tlac. Indagações complementares, respostas intermináveis.

A coisa se estende por duas longas horas, até que os homens se cansam. Abrindo uma porta, um deles grita:

– Vamos revistá-los e chega. Já passou da nossa hora de comer! A gente jantou essas histórias todas!

Uma mulher de trinta anos, rosto jovial, entrou. Os gendarmes se retiraram, levando consigo o garoto.

Após ordenar que nos despíssemos, a mulher primeiro examinou nossas roupas. Apalpou meticulosamente as costuras e as partes espessas de vestidos e casacos, revistou os bolsos; depois, passou a mão nos nossos cabelos e nos fez levantar os braços.

– Vamos, confessem! Vocês têm joias, ouro, pedras de valor, dinheiro!

E ao mesmo tempo soprava ao meu ouvido, complacente:

– A mãe Maria não é má. Ela vai devolver tudo na volta.

Eu pensava: "Volta de onde?"

– Vamos trazer para vocês uma sopa quente. Vocês devem estar precisando. Vamos, se despachem logo! Declarem seus valores, suas joias. Vamos, confessem!

Ela acabou confiscando um medalhão de uma moça, e da outra um anel, brincos e um relógio-pulseira que valia uns 25 francos. De mim, retirou dois anéis. Entregou tudo a dois gendarmes que entravam. Era a substituição da guarda:

- Vocês só precisam continuar com a lista das joias encontradas e o conteúdo dos pacotes. O auto de prisão já está pronto: elas quiseram entrar na Suíça sem autorização. Uma delas tem até um visto suíço. A bagagem é pequena, vocês não vão ter muito o que fazer.

Os novos gendarmes se puseram a explorar nossa "bagagem", colocando o conteúdo à mostra em cima de uma mesa.

Ao lado das humildes joias apreendidas, o conteúdo de bolsas e porta-moedas foi esvaziado. Alinharam-se as miudezas: cédulas bancárias, moedas, peças de roupa de baixo, vestidos, pentes, escovas nas quais faltava metade das crinas, um livro, um espelho quebrado, lenços, fotos de parentes e amigos, fotos estas trazidas depois de longas hesitações, devido ao temor de comprometer alguém.

Vez por outra, um dos gendarmes se detinha para perguntar o significado de um documento, de uma carta, ou qual a utilidade de um objeto. Um ditava, o outro datilografava: "- Um broche... - Um broche. - Sessenta francos e trinta centavos. - Sessenta francos e trinta centavos. - Um par de tesouras. - Um par de tesouras. - Dez selos de cinquenta centavos. - Dez selos de cinquenta centavos. - Brincos, um pente de prata. - Brincos, um pente de prata. - Trezentos francos, dois anéis, roupa de baixo, um vestido..."

Ladainha monótona e lamentável. Sentada no banco, a cabeça apoiada na parede, adormeci.

- Ei, você aí! - fui interpelada abruptamente.

Acordei sobressaltada.

- Que bugiganga é essa?

Tratava-se de uma moeda antiga que a sra. Lucienne havia me dado ao nos despedirmos, dizendo tratar-se de um amuleto da sorte. Dei a explicação exigida.

– Uma peça, tipo amuleto da sorte – ele ditou.

– Uma peça, tipo amuleto da sorte – repetiu o outro.

E a máquina de escrever continuava a vibrar: tlac... tlac... tlac.

A segunda equipe de gendarmes, depois de tanta repetição, também começou a perder a paciência. Um dos homens telefonou para a caserna vizinha pedindo instruções a nosso respeito. A conversa demorou, e ouvimos, entre outras frases: "Desde que isso começou, é sempre a mesma coisa. Bem, enviem Marcel com o sargento Camus. Vamos levar eles!"

Acenderam cigarros e interromperam o trabalho. O aposento se encheu de fumaça. Terminado seu "dever cívico", a atitude deles em relação a nós se modificou.

Nesse meio tempo, o jantar prometido pela "mãe Maria" foi trazido numa cesta: sopa, legumes, pão.

Chegou um oficial, seguido por dois sentinelas, Marcel e o sargento Camus. Na faixa dos cinquenta anos, tinha uma aparência nobre e inteligente. Observei-o enquanto os dois gendarmes, que haviam terminado o registro escrito e elaborado a lista de nossos bens, lhe expunham nosso caso.

O oficial escutou o relato com visível incômodo.

– Está bem, está bem – disse. – Elas comeram? Abram então as janelas, isso aqui fede a cigarro. É tarde demais para transferi-las. Essas mulheres não se aguentam mais de pé. Deem a elas lenha para a noite.

Saiu sem olhar para trás, as costas curvadas, a postura pouco marcial.

Nossa transferência estava suspensa, portanto. Um gendarme colocou lenha no aquecedor e deixou várias toras pequenas para antecipar as necessidades da noite. Ele trouxe uma jarra de água.

As moças pediram autorização para sair e tomar ar, o que lhes foi concedido. Um guarda as acompanhou.

– Nada de fazer besteiras – disse ele – senão...

E mostrou, rindo, o revólver no cinturão.

Seu colega me permitiu ficar na porta. Ele, ao lado, fumava seu cigarro.

Na minha frente, bem perto, cercas de arame farpado, e mais adiante, tragicamente próxima, as luzes piscando intermitentes, Genebra, a salvação. Um pesar de minha infância me tomou: eu não tinha asas!

Voltamos a entrar para nos instalar nos bancos.

Com frases entrecortadas, as moças contaram uma à outra que, depois de ter seguido o guia até a passagem de nível, o grupo se vira de repente diante de dois gendarmes; elas ainda tinham podido ver Julot fugindo a toda velocidade.

Procuramos nos concentrar em nossa situação. Mas tudo o que podíamos dizer uns aos outros era tão inútil e lúgubre que acabamos nos calando. O garoto, trazido depois de nossa revista, dormia desde o jantar.

O cansaço em breve venceu as duas moças: elas também adormeceram. Seu sono era entrecortado por soluços. O rapazinho chamava: "Mamãe!" – e, de novo, as respirações regulares eram retomadas, escandidas pelos passos do sentinela alemão na Alfândega.

Eu me dispus a colocar um pouco de ordem nos pensamentos e a analisar mais uma vez qual derradeira tentativa seria capaz de me salvar. O futuro me pareceu sem saída.

De olhos fixos nas grades da janela, eu ouvia o lamento surdo do vento.

Quando o dia, carente de luz, começou a nascer, eu, afundada em minhas tristes meditações, ainda velava.

*

Às oito da manhã, reapareceram os dois gendarmes da primeira equipe. Era domingo, e eles estavam de excelente humor. Como quem nos dissesse: "Agora que vocês já não nos chateiam mais, não temos nada contra vocês."

Era evidente que não se davam conta do cansaço e dos sofrimentos que tinham acabado de nos infligir durante seus intermináveis interrogatórios, sem se importar com nossa aflição.

Quanto à desgraça que a prisão significava para nós, pareciam não ter uma noção precisa dela. Dirigindo-se alegremente a uma das moças, um deles disse:

- Afinal, senhorita, não é uma catástrofe ir para a Alemanha trabalhar! Eles pagam bem, e se come melhor do que aqui.

Vendo minha depressão, o outro me disse:

- Veja bem, a senhora não vai ser forçada a um trabalho muito penoso. A senhora não tem mais vinte anos! Ora, não faça essa cara de enterro! Vamos, ânimo!

- Essa gente tem medo do trabalho, toda essa gente que estamos prendendo há semanas - acrescentou o primeiro. - Vocês acham que na Suíça alguém come sem trabalhar?

A moça de ar inteligente tentou explicar-lhe que, no nosso caso, o problema angustiante não era o trabalho, mas a sobrevivência: a Chancelaria[17] tinha jurado exterminar pura e simplesmente toda a raça judaica.

Perguntei se algum deles estivera em um campo de concentração reservado aos refugiados de raça judaica. Um dos gendarmes contou que tivera de ficar algumas horas em Gurs ao acompanhar um comboio de cem fugitivos.

- E o que o senhor viu? - perguntou a moça.

- Ah, o que eu vi! - respondeu ele. - É lamentável o que está acontecendo lá. O pessoal cai como moscas; velhos, mu-

17 N.T.: Referência à Chancelaria do Terceiro Reich. Adolf Hitler, líder do partido nazista, era desde 1933 chanceler da Alemanha.

lheres e crianças. Pois é, nesse ponto eu concordo, é terrível! Mas eles devem ter cometido crimes ou fraudes na Alemanha. Parece que puseram o país de cabeça pra baixo antes da guerra de 14, e depois de 18 arruinaram a Alemanha levando tudo quanto é riqueza, todo o ouro, todas as divisas pra Palestina deles, e pras duas Américas, e também um bocado pra Suíça. Então, vocês entendem! Agora eles estão pagando. Foi um "*gauleiter*" que me explicou. E também é o que explicam os boches[18] que aparecem por aqui. A gente não gosta deles, dos alemães, é claro, porque estão f... a gente, mas pros judeus eles mostraram o outro lado. E agora, vocês entenderam? Só estamos fazendo o nosso trabalho, é Vichy que manda, é o nosso governo, as ordens são essas – ele concluiu com convicção.

O terceiro, que tinha escutado essa explicação pertinente, acrescentou:

– Nunca tinha visto um judeu antes. Eles são iguais a qualquer pessoa. Mas os que passam aqui querem cruzar a fronteira sem visto! E aí são devolvidos para o lugar de onde vieram. Mas ficam voltando e voltando. Teimosos como mulas. Então a gente os detém e leva para a prisão. Ora, isso é uma chateação que já dura meses. Nunca trabalhamos tanto aqui. Os judeus, eles que se danem... mas que fiquem lá onde estão. Com essa mania de vir para a fronteira, estão mobilizando a Gendarmaria noite e dia. Falo sem rancor, senhoras, não é nada pessoal contra vocês.

Tanta ignorância beirava a inconsciência. Eu sequer tentei lhes expor os fatos. Aliás, não teria valido a pena. "Assim, esses homens continuarão a deter centenas de fugitivos" – eu refletia – "sem jamais compreender a que trabalho se prestam; a menos que queiram dar a si mesmos um álibi moral para tranquilizar a própria consciência."

18 N.T.: Termo pejorativo para alemães.

Um gendarme que até aquele momento não se juntara à conversa parecia conhecer melhor o problema, pois disse sentenciosamente:

- Calem a boca. Vocês não sabem que corremos o risco de ser expulsos, ou até pior, se nos ouvirem discutindo as decisões deles?

E fez com a cabeça um gesto na direção do sentinela alemão que, do lado de fora, também "cumpria uma ordem" e pisoteava o solo francês.

Às dez horas, o rapazinho foi trazido para ser reenviado a Creuse, de onde viera. Um pouco mais tarde, um veículo parou em frente ao posto da Alfândega. Gendarmes nos "convidaram" a pegar nossas bagagens e a subir. Refizemos assim, de camionete, o trajeto que havíamos feito na véspera a pé, sob a desastrosa condução de Julot.

Ao passar à luz do dia perto da ravina, que na véspera me atraíra de uma forma tão extraordinária que eu me preparava para descê-la minutos antes de ser presa, vi a cerca de arame farpado solta naquele lugar. Um dos fios estava danificado, provavelmente por causa de uma evasão recente. Estivera a apenas dois passos de uma passagem que podia ser transposta! Teria podido deslizar sem dificuldade excessiva entre os fios de arame afastados. A constatação me atirou num desespero sombrio.

*

Chegamos à Gendarmaria de Saint-Julien, onde os policiais, depois de comunicar nossos nomes e entregar nossas fichas aos colegas, deixaram-nos sob guarda.

Fomos conduzidos a um cárcere provisório, com uma pequena claraboia na porta. Era uma antiga garagem, dividida em duas partes. A primeira, perto da entrada, era uma espécie de antecâmara. A segunda dividia-se em dois cubículos de dimensões iguais, fechados separadamente pelo lado de fora. Naquele dia, os cubículos estavam vazios. No corredor, um balde de metal exalava um odor pestilento. Ao lado, sobre uma pedra, uma jarra d'água.

Cada compartimento tinha uma cama, com colchões cuja palha fora reduzida a pó, e cobertores militares enrolados como se fossem sacos de lona.

Uma moça acompanhada de um gendarme nos trouxe a refeição ao meio-dia, e enquanto ela esperava para levar a cesta e a louça, as três ficamos de pé, sem ousarmos nos acomodar para comer sobre a cama nojenta.

Ao terminar, pedimos autorização para sacudir os cobertores no pátio e limpar nossa cadeia.

O homem respondeu que era domingo. Mas a moça, que ao nos ver comendo se apiedara de nós, interveio a nosso favor. Enquanto o gendarme tagarelava com ela, rapidamente pusemos mãos à obra.

Sob a mesma vigilância, fomos autorizadas a nos lavar no fundo de um corredor comprido onde corria uma fonte. Trancafiadas novamente, ousamos nos sentar nas camas.

Supliquei ao nosso carcereiro que me concedesse a graça de dar alguns passos do lado de fora. Indisposta e febril, eu não conseguia mais respirar. As moças me seguiram até o pátio. Depois de dar várias voltas, sob os olhares penalizados ou indiferentes dos locatários em suas janelas, fomos devolvidas à nossa masmorra, que o gendarme fechou com duas voltas de chave.

Muito cansadas, ficamos no escuro; o frio nos atormentava. Acabamos nos deitando nas camas imundas. Um pouco depois, a porta se abriu e um gendarme reapareceu, iluminando a cena com uma lanterna. Aproximou-se e me estendeu um pacote embrulhado em jornal.

– É um tijolo quente – disse.

O pacote estava queimando. Comovidas pela atenção, agradecemos e nos abraçamos umas às outras para transmitir-nos um pouco de calor.

Destroçada pelo cansaço e pela emoção, dormi um sono de chumbo. Ao despertar, uma luz cinzenta penetrava pela claraboia. Aos meus pés, o tijolo salvador estava frio.

A porta se abriu com um estrondo, e chamaram nossos nomes. Conduziram-nos a um ônibus e subimos. Recebemos nossa ração de pão para o trajeto.

O veículo estava lotado de fugitivos presos em diversas localidades da fronteira e, como nós, transferidos a Annecy.

XI

ANNECY

DEPOIS DE MUITAS horas de viagem através da deslumbrante paisagem invernal das montanhas, o ônibus chegou a uma cidade, atravessou várias ruas e parou em frente a um muro alto. Um gendarme bateu num grande portão de ferro, uma ferragem rangeu, uma grade se abriu e penetramos num pátio da Casa de Detenção.

Estávamos presas.

Ordenaram-nos que esperássemos em fila, num corredor comprido que se estendia da entrada a vários escritórios. O vento glacial zunia em todas as direções entre as portas abertas. Um a um fomos apresentados a um funcionário que redigiu nossos mandados de prisão e nos fez preencher e assinar um questionário. Outro funcionário tirou nossas impressões digitais, fez as verificações de costume e nos mandou passar sob a régua de medir altura. Ficamos ali, apáticos, mantendo abertos nossos dedos enegrecidos pela tinta, esperando sem impaciência o término dessas formalidades.

Os prisioneiros homens foram em seguida conduzidos para o fundo de um grande pátio, onde se localizava sua seção: eles eram 28. Nós éramos onze mulheres; uma delas, com duas crianças pequenas, foi logo transferida para a enfermaria. Outra tinha um filho de seis anos, que foi entregue a um orfanato. O garoto partiu sem dizer uma palavra. Ele estava no fim de suas forças, como os adultos.

A um comando do funcionário, seguimos uma matrona que nos levou para outra sala, igualmente glacial. Lá, ela nos revistou meticulosamente, retirando-nos tesouras, agulhas, cadarços, e me confiscou uma garrafa de xarope contra tosse. Ela não tinha certeza, disse, sobre seu conteúdo. Uma vez colocadas as bagagens no almoxarifado, a vigilante dirigiu-se a uma porta fechada, onde havia um olho mágico e a inscrição "*Atelier*"; atrás dela, se ouvia um ruído surdo e contínuo de vozes. Ela abriu e fez um gesto para que entrássemos. As vozes se calaram, e divisei de imediato, como num pesadelo, os rostos pálidos das mulheres que nos olhavam.

Fiquei um momento perto da entrada, encostada na parede, a cabeça ao mesmo tempo pesada e vazia. Examinei a sala. Duas janelas gradeadas iluminavam as paredes brancas. Bancos e três mesas grandes mobiliavam o aposento. Em frente à porta, outra, menor, tinha uma inscrição a lápis: "*Gabinetes*".

No mesmo instante em que a carcereira desapareceu, as prisioneiras se levantaram de todos os lados, nos cercaram e abordaram com perguntas. Quais eram as notícias da guerra? As perseguições tinham aumentado ou diminuído de intensidade? De onde vínhamos? Como havia ocorrido nossa prisão? Em que localidade? E assim por diante...

A hora do almoço passara havia muito tempo. Devido à nossa viagem e às formalidades da transferência, nós a tínhamos "pulado". As prisioneiras juntaram para nós algumas provisões.

Sentei em um banco; escutei os relatos de fugas e prisões, e bem ou mal respondi às mil perguntas que a angústia inspirava às minhas companheiras. Todos os pensamentos, naquela sala, giravam em torno de quatro problemas: guerra, fuga, prisão, deportação. Esta última palavra se pronunciava de forma especial, baixando-se um pouco a voz com um estremecimento contido e uma expressão de horror.

Às seis horas, a porta se abriu e foram colocadas nas mesas as tigelas de ferro contendo sopa de legumes, batatas e macarrão.

- As novatas! - chamou a carcereira.

Cada uma recebeu, ao se apresentar a ela, uma caneca e uma colher. Garfo e faca, possíveis instrumentos de suicídio, estavam proscritos.

Meia hora mais tarde, distribuíram-se os cartões e as cartas censurados, e depois os pacotes de conteúdo controlado.

Como os parentes próximos da maioria das prisioneiras já tinham sido deportados, os pacotes constituíam um maná de algumas privilegiadas. As beneficiadas compreendiam isso e compartilhavam as oferendas.

Às sete horas, a carcereira reapareceu para chamar:

- Todo mundo para os dormitórios!

E depois:

- As novatas!

Recebemos dela um lençol e uma toalha cinza-escuro. Como lavar roupa era impossível, por falta de sabão, a prisão simplesmente fervia a roupa de cama e banho.

Segui minhas companheiras de infortúnio.

- Venha ver - me disse uma delas - para saber o que fazer quando chegar a sua vez.

Os baldes de ferro galvanizado encontravam-se no corredor. Nós os levávamos aos dormitórios. Também podíamos encher uma pequena caneca d'água para a noite. Precisei de vários dias de exercício até adquirir flexibilidade suficiente para tais transportes complicados.

Os grandes dormitórios tinham de vinte a trinta colchões de palha; os pequenos, três ou quatro. Fui instalada num destes, dividindo-o com duas detentas. Apresentamo-nos.

Uma de minhas vizinhas era mãe de um cantor célebre na América. Seu marido estava preso na seção masculina. O casal tinha o direito de trocar duas cartas por semana, e a pobre mulher não vivia senão para aquelas tiras de papel, classificadas como cartas, que devia redigir em francês e que recebia no mesmo idioma. Não era fácil, pois o casal, holandês, mal sabia francês. Nós a ajudávamos, com alguma dificuldade, em sua correspondência.

A outra senhora, uma alemã enérgica e muito bonita, era mulher de um industrial, antes milionário, que tinha conseguido, em 1935, tirar da Alemanha uma parte de sua fortuna. O casal se instalara nos arredores de Lyon. A experiência profissional do marido logo havia atraído para a empresa uma clientela pequena mas garantida. Em 1940, a lei visando os judeus alemães, acusados de ser membros da quinta coluna nazista na França, os levara, com as duas filhas, a um campo de concentração. Após meses de esforços, e graças à intervenção em Vichy de um famoso advogado de Lyon, a família tinha sido libertada.

Com a chegada dos alemães em Lyon, e diante do perigo iminente de deportação, tiveram de fugir para a fronteira suíça, de onde haviam sido recambiados para a Casa de Detenção de Annecy.

Embora os dois casais tivessem conseguido guias "de primeira classe", a mesma sorte que a minha os jogara na prisão.

Essas duas fugitivas haviam posto os pés na estrada com casacos de pele, vestidos elegantes, algumas joias e pequenas valises com roupa de baixo. Seguras de que sua tentativa seria bem-sucedida, não pretendiam chegar à Suíça usando roupas velhas.

Eu tinha feito o procedimento inverso com o mesmo resultado.

Que estranho espetáculo o dessas duas damas, bem-cuidadas e elegantes, sentadas em suas pequenas camas de ferro, naquele cárcere frio e nu.

Minhas duas companheiras explicaram-me que estávamos em prisão preventiva. Iríamos ser submetidas a um processo completo. Do seu resultado dependeria nossa libertação ou a transferência para um dos campos da França, onde provavelmente nos aguardava a deportação. Em princípio, pessoas com menos de sessenta anos eram internadas caso cometessem o delito de se deslocar sem autorização, com documentos falsos. Precisava urgentemente de um bom advogado. Elas já tinham um.

Passei a noite inquieta, atormentada, pensando em todas essas necessidades. Na minha confusão, tossia sem parar. O dormitório não tinha calefação, é claro, e eu havia apanhado muito frio ao caminhar descalça para a Suíça.

*

Às seis horas da manhã, fazíamos a "cama"; a carcereira abria nossas portas às seis e meia para nos conduzir ao famoso *"atelier"*.

Lá, em duplas, fazíamos nosso asseio na pia, cuja parte superior tinha duas torneiras. O frio era cruel, mas depois de nos lavarmos podíamos recolocar nossos casacos e luvas, e bem ou mal conseguíamos nos aquecer. Com esse propósito, as mulheres de origem alemã faziam ginástica.

Seguida por duas prisioneiras que cumpriam penas de dois e três anos, a carcereira reaparecia proclamando:

– E agora, hora do café.

Fazíamos fila, as canecas na mão, e enquanto uma detenta distribuía a ração diária de pão, a outra nos dava uma beberagem. Ficávamos depois na mesma sala, escrevendo, lendo e sonhando com o futuro, amontoadas umas sobre as outras. Um vidro quebrado era como uma janelinha sempre aberta.

Uma vez por semana, lá pelas dez horas, a carcereira anunciava:

– E agora, minhas senhoras, as compras!

Podíamos nos inscrever então numa lista e indicar as miudezas autorizadas que queríamos receber: papel de carta, tinta, porta-penas e penas (que tinham a particularidade de perder a ponta no primeiro uso), sabão feito de areia e argila e "*sucrettes*", as balas negras de açúcar de uva provavelmente admitidas para adocicar o amargor dos nossos dias. De fato, nós as consumíamos bastante.

Aqui ninguém dispunha de cartões. Os talões de alimentação encontrados com os fugitivos eram confiscados, todos eles – tanto os pertencentes aos franceses como os falsos. Era comum que amigos avisados da detenção enviassem cartões aos prisioneiros. A população e as organizações francesas também os traziam para nós, entregando-os à direção da prisão.

O "*atelier*" só tinha de *atelier* o nome. Era impossível trabalhar ali pela simples razão de que agulhas e tesouras estavam proibidas. O tempo transcorria em ociosidade, cortada de vez em quando por disputas violentas. É que a corporação incluía, além das 35 malfeitoras de nossa espécie, "que pretenderam dar o fora sem autorização", duas ladras profissionais, condenadas três vezes, uma receptadora, uma cúmplice de um fabricante de cartões falsos, e uma moça de modos suaves que havia aproveitado sua "visita" a um hotel para furtar roupas.

A harmonia estava longe de reinar entre essas mulheres que atiravam umas às outras os insultos mais pitorescos. Era o *bas-fond* por excelência. Acreditava estar vivendo um romance de Carco...[19]

Entre as fugitivas, havia uma médica alsaciana, uma pianista polonesa, duas estudantes belgas, a mulher de um rabino da Antuérpia, a de um diamantário da mesma cidade, cinco polonesas com os filhos, uma russa de Baku, uma holandesa e numerosas alemãs e austríacas.

Jovens ou velhas, belas ou feias, viçosas ou murchas, jovens solteiras ou mães de família, todas tinham fugido da deportação.

Uma jovem francesa, guia voluntária que encaminhava fugitivos para a fronteira, tinha sido detida e encarcerada com eles. Bondosa e paciente, ela era o consolo das mais frágeis. Sua influência benéfica se exercia sobre todas as detentas, que lhe pediam um monte de conselhos e uma grande quantidade de informações.

A srta. Adrienne era a única entre nós que aparentava a mesma calma em todas as ocasiões.

Uma manhã, quando nossa carcereira, que devíamos chamar de "chefa", chegou para levar várias prisioneiras ao parlatório, me aproximei e lhe pedi que devolvesse minha garrafa de xarope contra a tosse.

Ela gritou:

- A senhora já sabe, nada de xarope!

Tentei convencê-la:

- É que eu fico tossindo e não deixo minhas vizinhas dormirem.

Aí ela estourou:

- Quem é que manda aqui, eu ou a senhora? Quem é que me diz o que tem na sua garrafa de xarope? A senhora pode

19 N.T.: Francis Carco (1886-1958), autor francês, observador das ruas e dos personagens marginais.

estar querendo se envenenar! A gente já viu de tudo aqui! Se a senhora insistir com isso, vai passar a noite no *"atelier"*. Preste atenção, porque se eu me aborrecer, nenhuma de vocês vai receber hoje à noite nem cartas nem pacotes - berrou ela ao sair.

Fiquei tão intimidada com a reação que fui me esconder atrás das companheiras.

Para me consolar, escrevi aos Marius, que já deviam ter sido informados de minha desventura pelo sr. Jean Letellier.

Não demorou muito para que percebesse que nossa carcereira não era assim tão má. Acostumada a impor uma disciplina absoluta às suas pensionistas habituais, nossa presença a desconcertava. Desorientada, ela dissimulava seu embaraço a nosso respeito escondendo-se atrás de uma grosseria brusca e exagerada.

Quando, ao falar com ela, começávamos:

- Posso lhe pedir...

Ela logo interrompia:

- Vocês não têm que pedir nada aqui. Eu dou as ordens. Obedeçam!

Não ousávamos mais prosseguir:

- ... lhe pedir autorização para fechar a janela que fica em cima da cama? A chuva nos inunda.

O que não a impedia de vociferar no dia seguinte:

- Como é que alguém pode ser preguiçoso a esse ponto, deixar uma janela aberta, e a chuva mijando em cima de vocês?!

Se, ao contrário, ela percebia que uma janela tinha sido fechada sem sua autorização, gritava com uma voz que dava arrepios:

- Quem é que fechou a janela? Sou eu que mando aqui ou são elas?

Nós nos encerrávamos num silêncio ansioso.

- A chefona grita bem - dizia a criminosa. - Os gritos dela dão dor de barriga.

Essas cenas teriam nos divertido se não estivéssemos muito abaladas pelos impactos sofridos. Diariamente, tomávamos conhecimento de que algumas de nossas companheiras tinham seguido para Gurs ao deixar a Casa de Detenção. Atormentadas pela perspectiva da deportação, vivíamos com os nervos em frangalhos e encarávamos como muito graves todos esses incidentes cotidianos.

Um sábado à noite, a srta. Adrienne nos disse que no dia seguinte haveria missa na capela da prisão.

– E se todas nós fôssemos rezar? Deus existe para todo mundo, sem diferença de religião – propôs uma detenta.

A maioria aceitou.

Antes de nos conduzir aos dormitórios, a chefa anunciou:

– E agora, amanhã tem missa! Quem é que vai?

Umas vinte se apresentaram.

Mostrando-se profundamente indignada, ela protestou.

– Se todas as judias que entraram aqui nos últimos tempos forem à capela não haverá mais lugar para as boas cristãs.

Com suavidade, a srta. Adrienne respondeu:

– Vejamos, senhora, por que impedir essas pobres-coitadas de se encontrarem com Deus? Isso está no espírito do Nosso Senhor?

O argumento a confundiu. Ela ficou sem palavras. E agora, nem sequer conseguiu recorrer ao seu habitual método de vociferar! Acho que aquela foi uma data marcante na sua vida.

Mas no dia seguinte ela se vingou. Quando as detentas quiseram entrar na pequena capela, no sótão da Casa de Detenção, ela subitamente estourou:

– Primeiro as cristãs!

Talvez essa discriminação tenha sido cometida menos por necessidade de autoridade do que por convicção. Era sua maneira particular de manifestar seus sentimentos cristãos. Nossa chefa não tinha certamente a alma negra, apenas sentia-se muito deslumbrada pela importância de seu papel de carcereira principal da Casa de Detenção.

Estou zombando hoje da nossa carcereira (que ousávamos chamar, na intimidade, de sra. "e agora"), mas sem ressentimento algum e até mesmo com uma nuance de simpatia. Levando em conta seu poder ilimitado sobre nós, devo reconhecer que ela teria podido se mostrar ainda mais totalitária.

Nossa existência de reclusas atormentadas admitia seus momentos de recreação. Um domingo, uma vienense encantadora, loura de olhos verdes, cuja gravidez avançada não a havia privado de graciosidade, mãe do menino confiado ao orfanato, recebeu a visita dessa criança, acompanhada por uma boa freira.

A religiosa contou que, no caminho, o gendarme que conduzia a criança tinha perguntado seu nome, a fim de devolvê-la corretamente mais tarde.

– Como você se chama?

– François Besson – respondera o menino, como seus pais haviam recomendado (pois a família inteira usava, como era comum, documentos falsos).

– Está bem, mas e o nome verdadeiro?

– Eu me chamo François Besson – confirmou o rapazinho com firmeza.

Como o gendarme insistia, o menino, sem se perturbar, disse finalmente:

– Escute aqui, se o senhor não acredita, pergunte à minha mãe se não é verdade. Porque eu sei que me chamo François Besson.

O gendarme ficou completamente perplexo. Ele ignorava que dezenas de séculos haviam forjado a resistência moral daquele jovem filho de Israel.

A religiosa nos contou outra história; a irmã que tomava conta das crianças do orfanato havia perguntado ao pequeno:

– Foi seu papai ou sua mamãe que morreu?

- Eu ainda tenho papai e mamãe, eles estão presos, senhora, mas não roubaram nada. É porque eles são judeus!

E as boas irmãs haviam ficado estupefatas e apiedadas.

Estimulado por seu sucesso, o menino nos confiou, em seu linguajar encantador, que tinha ganhado balas e se divertia com os coleguinhas.

- Você sabe, mamãe, eles não são judeus, mas mesmo assim são bonzinhos. Não me batem.

A mãe, orgulhosa como uma rainha, contou às mulheres que a cercavam como seu filhote já enfrentara os gendarmes no momento da prisão. O menininho interrompeu-a:

- Eu disse a eles tudo como você me ensinou, mamãe.

Era uma criança loura e rosada, rosto de covinhas, muito parecido com a mãe. Suas palavras e suas atitudes eram singularmente amadurecidas, reflexivas. "Ele será um dia um desses judeus que não se acolhe com simpatia", eu pensava ao observá-lo. "Será considerado esperto demais, muitíssimo inteligente e insuportavelmente competente. Depois de uma escola de vida dessas! Seis anos! Pobrezinho!"

A porta do *"atelier"* se abriu e a chefa proclamou:

- E agora, hora da sopa!

Em homenagem ao domingo, vasilhas cheias de uma sopa de grão de bico e macarrão apareceram nas mesas.

A hora da visita tinha terminado...

A suave religiosa do orfanato e o menino cor-de-rosa partiram.

XII

SAINT JULIEN

DEPOIS DE uma semana, um grupo de detidos devia ser conduzido ao Palácio da Justiça de Saint-Julien. Uns para serem interrogados pelo juiz de instrução, outros para passar ao tribunal penal. Eu estava entre os primeiros.

Às seis horas da manhã, fomos interpeladas pelo tradicional "E agora", dessa vez seguido de um "A caminho do tribunal!" Em seguida, a chefa fez a chamada dos nomes, que ela maltratava ao máximo; a todas as tentativas de retificação, ela replicava:

– Eu quero acertar, mas o que é que são todos esses nomes de turcos? ... Não conheço essa língua.

Então nós ríamos, e a chefa junto conosco, orgulhosa e contente com o sabor de suas próprias palavras.

Instalamo-nos no furgão policial improvisado.

Essa viagem ao tribunal foi para nós uma verdadeira distração. Deu-nos a ocasião de abandonar por algumas horas a prisão, contemplar o sol, a floresta, os campos, os Alpes com seus cumes nevados, o inverno em todo o seu esplendor.

O deslocamento nos colocou na presença de fugitivos mais recentes, que traziam notícias.

Viajamos com outros detentos: ladrões, vagabundos, bêbados, assaltantes e receptadores. Um assassino, algemas nos pulsos, flanqueado por dois gendarmes, era o personagem mais importante. Estava sentado ao lado de uma morena belíssima, acusada de ter dançado num lugar público. Ela nos queria como testemunhas da injustiça que lhe haviam feito:

- Dançar! Isso agora é crime?

Os homens presentes se indignaram para agradá-la.

Ninguém objetou a ela que a maioria dos criminosos ali nada tinha na consciência além do fato de ter pretendido fugir da deportação.

Chegando a Saint Julien, as "novatas" foram para a pequena sala do juiz de instrução. Este fez as perguntas habituais, e informamos o único motivo que nos havia feito correr o risco da evasão. Como ainda não havíamos tido contato com um advogado, "nosso processo" foi adiado para dali a oito dias.

Fomos em seguida conduzidas ao grande salão do tribunal; recebemos autorização para acompanhar os debates.

Primeiro, houve o julgamento de alguns delinquentes.

A um ladrão de dez galinhas, o juiz disse:

- De acordo, o senhor queria pegar uma galinha para a noite de Ano Novo, mas e as outras nove? Por que também as degolou?

- É que elas vieram como que por si mesmas, então eu pensei nos amigos. Um frango, ah, isso dá gosto no Natal.

Ele falava a sério. As testemunhas afirmaram que, de fato, ele distribuíra as galinhas. O exterminador do galinheiro foi condenado a um mês de prisão com suspensão da pena.

Logo após, veio o processo mais importante do dia: o assassinato. Os especialistas deram longos depoimentos; as testemunhas foram chamadas. Em seguida, levantou-se um homem alto, o acusado, extremamente pálido.

Originário de Bremen, de nacionalidade alemã, judeu, o assassino viera se refugiar na França com a mulher. Eles primeiro viveram tranquilos em Paris, com recursos enviados por um parente suíço. Seguiu-se a ordem de prisão dos judeus alemães, acusados coletivamente de ser agentes da quinta coluna. O casal se viu separado: ela em Gurs, ele num forte. Depois de seis meses, enferma, extenuada, o sistema nervoso seriamente abalado, a mulher foi libertada. Um mês mais tarde, foi a vez de o marido ser libertado graças à revisão da lei relativa aos judeus alemães e austríacos. Receberam a autorização de residência obrigatória numa pequena localidade dos Alpes Marítimos, onde retomaram seu ritmo de vida.

A mulher, no entanto, não conseguia expulsar a lembrança dos meses passados no campo de Gurs; acreditara o tempo todo que o marido tinha sido deportado para o leste. Rogou-lhe que a matasse se uma circunstância similar viesse a se repetir. Por muito tempo o marido recusou.

Ela sofria de insônia; uma noite, engoliu o conteúdo de um tubo de comprimidos soníferos. Conseguiram trazê-la de volta à vida. Mas ela imediatamente anunciou que iria repetir a tentativa na primeira oportunidade. Não podia continuar a viver, dizia, sob a ameaça contínua da deportação. Para dar-lhe segurança, e confiando que as perseguições não se repetiriam, o homem finalmente jurou matá-la e segui-la na morte. A partir desse momento, ela se acalmou, ficou quase serena. Enfermeira de profissão, passou a cuidar de crianças e velhos do vilarejo com tamanha boa vontade e dedicação que todo mundo cercou o casal de simpatia e reconhecimento, contou uma testemunha.

As leis racistas, aplicadas na França em 1942, desencadearam perseguições cada vez mais violentas. Como tantos outros, o casal decidiu fazer uma derradeira tentativa de fuga para a Suíça.

Com uma bagagem reduzida, na qual foi escondida uma grande navalha de aço, seguiram para a fronteira junto com outros fugitivos, guiados por um contrabandista.

Foram presos justo no momento de passar pelo arame farpado. Num lampejo, enquanto os gendarmes estavam ocupados com os outros fugitivos, a mulher tirou a navalha da mala e, entregando-a ao marido, ordenou:

- Hans, você jurou!

Também ele aterrorizado pela súbita prisão, o marido agarrou a arma assassina e, como que hipnotizado pela vontade da mulher, cortou-lhe a garganta. Os gendarmes se precipitaram. Ele então deu em si mesmo duas navalhadas profundas e caiu ensanguentado ao lado da companheira. Seu último gesto foi, conforme o relato de um agente aduaneiro que testemunhara a cena, tomar a agonizante entre seus braços. Outro agente confirmou o relato:

- Eu estava presente. Foi exatamente assim!

O médico que acorreu constatou a morte da mulher e o estado desesperador do homem. Fez curativos provisórios nos ferimentos do moribundo e determinou sua transferência imediata para o hospital mais próximo. O casal foi devolvido a Z., ela para o necrotério, ele para uma sala de cirurgia.

- Com ferimentos tão graves, não entendo como o assassino escapou - afirmou o médico ao juiz. - Posso dizer em sã consciência que é um desses fatos que se atribuem ao destino e que se pode qualificar de milagroso caso se queira ver nele a vontade divina. Aliás, basta olhar as duas cicatrizes horríveis do assassino para estimar o caráter extraordinário do fato.

O médico-especialista fez o detento virar o rosto, e um tremor correu a sala. Podia-se ver de longe, com efeito, dois grandes ferimentos ainda mal cicatrizados, cruzando-se no meio da garganta.

O médico concluiu:

- Voltando a si, o desesperado aproveitou um momento de ausência do sentinela para arrancar os curativos, e foi encontrado numa poça de sangue. O hospital ficou transtornado. Ainda nesse caso, pode-se dizer que só a constituição excepcionalmente robusta do homem explica que ele tenha escapado, contra sua vontade, pois foi preciso amarrá-lo depois dessa segunda tentativa.

O tribunal estava profundamente impressionado.

A palavra passou ao promotor público:

- Qualquer que seja a tragédia, eis o fato: a mulher está morta, foi assassinada; o homem está diante dos senhores - vivo. Solicito a pena habitual com circunstâncias atenuantes.

Ele voltou a se sentar, e tivemos a impressão de que havia cumprido muito a contragosto seu dever profissional.

O advogado do acusado expôs então a vida dos dois perseguidos, com as suas fases de esperança sucessivamente desmentidas pelos acontecimentos. Ele terminou seu pleito de defesa com estas palavras:

- Senhores jurados, quando o médico, aqui presente, determinou a transferência do moribundo para ser submetido a uma cirurgia urgente, a viatura se dirigiu ao hospital da localidade mais próxima, Z. O prefeito, avisado por telefone da chegada do trágico transporte, tomou uma decisão que ficará inscrita nos anais da vergonha: "É um judeu. Eu não quero confusão com os alemães no meu município, levem-no a Saint-Julien!" O comboio ainda teve de percorrer muitos quilômetros antes de deixar o moribundo e a morta.

Houve um movimento de indignação entre os jurados, que se amplificou em murmúrios de reprovação generalizados.

- Eis aqui, senhores jurados, o que aconteceu na França em 1942! A fim de redimir essa ação abominável, solicito a libertação imediata de um homem que não pode e não deve ser condenado por assassinato, mas cujo único crime foi o de ter cumprido uma promessa sagrada que ele ao mesmo tempo quis pagar com sua vida!

Uma hora mais tarde, o acusado deixou a sala. Esgotado pela emoção e a fadiga, apoiava-se em duas pessoas caridosas. Ele foi absolvido.

*

O tribunal devia voltar a se reunir à tarde. Como os prisioneiros só podiam ser devolvidos todos juntos, ficamos encerrados até o fim dos debates na "cana", que eu já conhecia por ter passado a noite ali antes de ser recolhida à Casa de Detenção.

Dessa vez, éramos 21 pessoas que se amontoaram, sentadas e deitadas, em duas camas ou, de pé, no corredor. Duas belas moças da Saboia nos trouxeram a refeição da hospedaria vizinha. Grudados uns nos outros e nos empurrando, mas famintos, comemos.

A odisseia dos cativos, relatada naquelas horas de espera, era comovente: pais cujos filhos lhes tinham sido arrancados; mães de família sem marido; um pai com duas filhinhas de seis e oito anos, cuja esposa e mãe lhes havia sido tirada por uma prisão em massa num mercado de Marselha. Tendo saído para fazer compras, ela não voltara. Um advogado de Bruxelas, um industrial de Mulhouse, um padre de Praga vestido de camponês; dois escritores alemães, uma médica psicanalista, também alemã, uma cantora austríaca, um rabino da Antuérpia cuja família de sete pessoas fora deportada quando ele celebrava o serviço religioso, um pastor, uma mulher com seu recém-nascido etc. etc. Cada "caso" novo parecia mais trágico que o precedente. Um crescendo de sofrimentos, deportações, desaparecimentos!

O exterminador do galinheiro fazia entre nós o papel de favorecido pelo destino. Aliás, ele estava muito satisfeito com o resultado de seu processo e se divertia bastante em nossa companhia. Dividíamos com ele cigarros e refeições; o pobre ignorante parecia não ter comido à altura da sua fome depois do famoso *réveillon* das galinhas.

Conversando com os novos prisioneiros, soubemos que as autoridades alemãs haviam substituído, praticamente na França inteira, as tropas italianas de Ocupação por soldados do Reich; os alemães estavam vencendo em toda parte, a situação política os favorecia, suas investidas diplomáticas coroavam-se de sucesso, e os países invadidos gemiam sob um jugo mais pesado a cada dia.

Naquela noite, ouvi meu nome ser chamado durante a distribuição da correspondência: era uma carta do meu caro professor que, embora tendo planejado passar um período em Nice, havia se estabelecido em Lyon por razões de família. Eu o havia avisado da minha prisão. Agora ele escrevia que infelizmente, no meu caso (deslocamento sem autorização, tentativa de fuga), a perspectiva mais certa era o campo de Gurs; ainda assim, acrescentava, não havia perigo iminente de deportação. Ele prometia me visitar depois da transferência para esse campo, a fim de avaliar comigo as possibilidade de libertação.

Toda a cordialidade e toda a dedicação que sua carta expressava para comigo não puderam me consolar da perspectiva de ir para Gurs. Passei a noite agitada, procurando uma saída e pensando, sem sucesso, em possíveis meios de fazer uma nova tentativa de fuga. Até que aflorou ao meu pensamento o meio mais radical. Três dias antes, no momento de ser transferida, uma mulher tinha cortado as veias depois de quebrar um vidro da sala onde se encontrava à espera dos gendarmes. Senti claramente que tal coragem me faltaria. Laços muito numerosos ainda me ligavam à existência: eu amava a vida, e a ideia de rever minha mãe e minha família me dava a energia para tentar a salvação.

No dia seguinte, na hora da correspondência, chamaram meu nome novamente. Era uma carta dos Marius. Eles contavam como estavam sofrendo por minha causa; falavam da ansiedade com que haviam passado as festas de Natal e dos amigos que vinham incessantemente pedir notícias. Eles me perguntavam com tristeza qual tinha sido meu destino: prisão ou campo? E de que maneira podiam entrar em contato comigo? A soma que eu lhes pedira tinha sido enviada ao meu advogado por transferência telegráfica.

Além disso, eles informavam ter enviado à direção da prisão, pela mesma correspondência, cartões de abastecimento. Essa carta me deu coragem e me consolou; eu poderia contar então com o auxílio de um advogado, suprema esperança de todo prisioneiro.

Mais um dia e chegou um pacote contendo tantas maravilhas e coisas raras que causou sensação: duas coxas de coelho, frutas cristalizadas, sabão, dois guardanapos, um lençol.

A detenta cúmplice do fabricante de cupons falsos dizia:

– Mas é um verdadeiro pedaço de sabão de verdade!

Descobri também três agulhas escondidas numa caixa, embaixo de um bom queijo *camembert*. Pela primeira vez em muito tempo, reencontrei o prazer do paladar, pois a função de comer tinha se tornado para mim uma espécie de triste obrigação.

Naquela noite, a Gata Borralheira dormiu sobre um lençol branco, o travesseiro vestido por uma fronha limpa.

*

Uma manhã, a chefa me convocou com voz retumbante. Eu a segui ao parlatório, onde me esperava o advogado, e nos apresentamos.

Além da transferência telegráfica, ele tinha recebido meu passaporte e diversos documentos. A famosa recomendação da Presidência do Conselho de 1939 reaparecia mais uma vez! O volume de Jules Chancel também figurava nos autos.

O homem da lei era bastante afável, e tivemos uma longa conversa. Sorrindo, ele disse que meu processo continha peças capazes de me inocentar de crimes que não eram mais graves do que uma tentativa de fuga para a Suíça. Ademais, me disse, o rigor judiciário tinha sido um pouco relaxado, tendo as autoridades alemãs concentrado nos últimos tempos sua atenção em outra parte. Certos refugiados tinham sido libertados depois de cumprirem pena, outros tinham sido reenviados às suas antigas residências ou encaminhados a departamentos menos vigiados pelos nazistas. O único sentido dos processos em curso - ele explicou para me orientar - era constituírem uma formalidade obrigatória. Sem ela, os próprios alemães tomariam todas as providências com a maior facilidade, diante do primeiro pretexto, iriam se intrometer até mesmo nos tribunais e acabariam por controlar toda a administração policial e judiciária do país. Portanto, manter a aparência de severidade estrita em relação aos refugiados era uma necessidade, para não dar pretexto a tal controle sobre as instituições da França.

A semana começava para mim sob auspícios felizes e permitia algumas esperanças, às quais me agarrei, fascinada.

Ela também foi marcada pela libertação da srta. Adrienne, que teve para cada uma, ao partir, uma palavra de encorajamento, uma recomendação. Ela me deu o endereço de várias pessoas às quais eu poderia pedir apoio e orientação uma vez recuperada minha liberdade.

Outras prisioneiras, ao saírem da Casa de Detenção, prometeram enviar notícias, para nos deixar a par do seu destino e nos orientar a respeito do que nos esperaria quando chegasse a nossa vez.

Um fato proeminente fechou essa semana: a constatação de que nossa estadia coletiva na "cana" tinha valido piolhos a muitas de nós. Grande comoção! Procedemos a uma limpeza mútua, febril e conscienciosa, que levou um dia inteiro. Parecia-me estar numa daquelas enormes jaulas de macacos, onde o espetáculo dos animais tirando os piolhos uns dos outros tanto me havia divertido no início da juventude.

*

A "chefa" entrou de novo e, num tom particularmente grave, o timbre severo, anunciou:

– E agora, é o tribunal.

Seguiram-se os nomes das prisioneiras (que a essa altura tinham virado "antigas"), agora pronunciados por ela com segurança absoluta e sotaque impecável, e depois os nomes das "novas", que por sua vez também deviam se apresentar ao juiz de instrução.

Foi com um estremecimento de alegria interior que os prisioneiros, homens e mulheres, subiram no ônibus.

No caminho, nosso veículo colidiu com um caminhão. Depois do choque, o motor se recusou a pegar de novo. Parecia que o coração de um colosso havia deixado de latejar sob a emoção de seu próprio crime. Sua vítima, o caminhão, literalmente amassado, parou ao lado, na ravina. Em vão o chofer, ajudado pelos gendarmes, se esforçou em reanimar a besta. Trabalho perdido! Os prisioneiros tiveram de terminar a viagem a pé durante vários quilômetros. Éramos numerosos, e o grupo que caminhava mais devagar, que "ficava para trás de propósito", como afirmava um dos guardas, foi algemado.

Casa de Detenção, impressões digitais, comparecimento ao tribunal, algemas – nada faltava ao quadro. Ao entrarmos na sala do tribunal, enquadrados com firmeza por nossa escolta de gendarmes, me lembrei da ilustração de uma edição de Courteline.[20] Essa evocação me animou.

O primeiro tópico da audiência foi um contrabandista que havia meses vinha organizando numerosas fugas, com preços que chegavam a cem mil francos por cabeça. Em virtude das somas exorbitantes, foi condenado a três anos de trabalhos forçados.

Aí, chegou a vez de uma mulher com um bebê de colo. Por tentativa de fuga, ela recebeu a pena de um mês de detenção. Ao mesmo tempo, foi citada como testemunha de acusação do seu contrabandista. Este, depois de receber a soma combinada, havia exigido dela, no meio do caminho, mais cinco notas de mil francos.

– Sei que a senhora ainda tem dinheiro – ele dissera.

– Não digo que não – respondeu a mulher. – Mas não conheço ninguém na Suíça e estou levando, como o senhor está vendo, um bebê doente.

– Como quiser – ele replicara. – Vou largar a senhora aqui.

Então a mulher teve de aceitar. Dois quilômetros adiante, a criança chorou, um gendarme apareceu, o contrabandista fugiu. Transferida para o posto da Alfândega, não foi sem satisfação que ela encontrou ali o escroque, preso pouco depois dela.

O promotor e os juízes recriminaram severamente o acusado, que foi condenado por fraude e chantagem.

Apresentaram-se em seguida quatro jovens de 22 a 25 anos. Ao ser declarada a guerra, eles tinham se engajado como voluntários em um grupo de cinquenta jovens judeus poloneses. Com o armistício, tinham sido enviados ao Marrocos e incorporados à Legião Estrangeira na qualidade de "prestatários".

20 N.T.: Pseudônimo do dramaturgo e escritor francês Georges Moinaux (1858–1929), observador crítico dos personagens e da vida cotidiana.

Uns quinze deles, que tinham família na França, foram autorizados a permanecer nos campos da metrópole antes de serem libertados. Com o início das perseguições, oito foram deportados para a Alemanha. Os outros conseguiram milagrosamente chegar à Inglaterra. Os quatro últimos ex-voluntários tinham atravessado a pé toda a distância que separa os Alpes Marítimos da fronteira suíça para acabar... diante de um tribunal penal. Haviam cumprido a prisão preventiva, e os juízes avaliaram, após consultas entre si, que os quatro correriam menos riscos num campo de trabalho francês do que em pretensa liberdade.

Um diamantário da Antuérpia, que tivera a mulher morta num campo belga e os cinco filhos dispersos, compareceu, como quase todos nós, sob a acusação de tentativa de fuga e deslocamento sem autorização, com papéis falsos. Ao mesmo tempo, ele estava prestando queixa contra os milicianos que o haviam prendido.

– Quando aconteceram as buscas – expôs o advogado –, esses aí encontraram com ele dois pequenos pacotes de seda, costurados numa dobra do seu sobretudo, contendo diamantes. Anexa a cada pacote havia uma lista detalhada indicando o peso, a cor e a dimensão de cada pedra. O diamantário costurou uma cópia dessa lista no seu boné e depositou uma terceira cópia com amigos franceses em Grenoble. Em caso de adversidade, seus amigos haviam prometido reivindicar os diamantes; a missão deles seria enviar as pedras preciosas às crianças, se essas reaparecessem. Quando acharam os dois pacotes, os milicianos se apossaram deles e se afastaram. Ao voltarem, faltavam algumas pedras e a lista havia desaparecido. O diamantário se recusou a assinar a declaração de apreensão. Sabendo-se perdido e nada tendo a temer, ele queria, ao menos, salvar essa parte de sua fortuna para os filhos.

Os policiais acabaram confessando que tinham levado os dois pacotinhos a outro aposento.

"A confusão ali era tão grande que a gente não podia trabalhar tranquilamente com objetos tão pequenos. O detento quer nos prejudicar por vingança", declarou um deles.

O fato de terem retirado bens do detido era contrário à lei, de modo que o advogado solicitou que seu cliente recebesse uma compensação. Como ainda era preciso fazer averiguações, transferiu-se o processo para dali a duas semanas.

Três senhoras idosas, de cabelos que brilhavam de tão brancos, compareceram ao mesmo tempo, defendidas pelo mesmo advogado. A mais jovem tinha 62 anos, a mais velha 72. A mais velha postou-se no meio das outras duas, miúdas, quase frágeis. Elas se apresentavam juntas devido ao mesmo delito: deslocamento sem autorização, documentos falsos, tentativa de fuga.

Uma delas tinha uma filha casada em Zurique; a outra tinha sido privada da companhia do filho, deportado pelos alemães, e queria se juntar à amiga. A terceira fora obrigada a deixar o lar de idosos da comunidade israelita de Toulouse, fechado por ordem de Vichy, e simplesmente tinha ficado sem teto. Havia tomado o rumo da Suíça, país que lhe haviam assegurado ser o refúgio dos desvalidos.

Olhando para aquelas três velhas, eu me perguntava de que maneira elas haviam imaginado atravessar cercas de arame farpado! Tinham calculado as dificuldades de sua iniciativa? Será que simplesmente as tinham ignorado? Ou acreditavam que, tendo o Mar Vermelho se aberto para deixar passar os filhos de Israel, as cercas de arame farpado se separariam para dar espaço a pobres velhas em busca da liberdade? Elas ainda acreditavam em milagres, tão numerosos na história dos seus ancestrais? Tinham esquecido que, desde aquela época longínqua, seu Deus, o Eterno, o Deus dos raios e da vingança, parecia ter abandonado seu povo eleito?

Depois de uma cena emocionante, as três foram absolvidas, com a ordem de retornar às suas residências anteriores.[21]

Como num sonho, ouvi chamarem meu nome. Levantei-me sem enxergar os olhares do tribunal fixos sobre mim. Permaneci de pé enquanto meu advogado expunha meu delito: tentativa de evasão, mas com visto suíço. Embora num caso como o meu os estrangeiros fossem em geral recém-chegados à França para fugir das perseguições, eu havia estudado no país. Ele contou como eu, perseguida, tivera de me esconder durante meses. Relembrou que amigos suíços, informados de meu infortúnio, tinham me enviado um visto de entrada. Forçada pelo perigo e contra a minha vontade mais íntima, tinha enfim tentado abandonar essa França que considerava uma segunda pátria. Mas fracassara a tentativa de fuga com documentos falsos que, em consideração à francesa que os emprestara, eu havia devolvido prematuramente.

– Minha cliente teria podido, se houvesse conservado esses documentos, passar por uma francesa e retomar seu caminho.

Levantando a voz, o advogado leu em seguida a carta de recomendação de 1939. Na passagem "nós almejamos que ela desfrute em nosso país de todos os direitos e todas as liberdades", um murmúrio se elevou entre os juízes.

Essa recomendação repelida, desdenhada, e até mesmo objeto de zombaria, agora permitia que meu advogado solicitasse uma autorização excepcional de residência na Alta Saboia, não importando em qual aldeia, localidade, subpre-

21 N.A.: Em fevereiro de 1944, amigos me escreveram que uma dessas queridas senhoras, da qual eu recebia notícias regularmente, havia sido detida pela Gestapo e transferida para o campo de Drancy.

feitura, e inclusive em Annecy, bem como o direito de me deslocar livremente nos limites da região.

A solicitação do meu defensor foi plenamente acolhida. Fui condenada à pena mínima com suspensão da execução e declarada livre.

Conduziram-me à Casa de Detenção de Annecy, onde precisei esperar até o dia seguinte as formalidades de saída.

Pela primeira vez depois de muitíssimo tempo, dormi um sono reparador em uma noite sem pesadelos nem inquietação.

Descemos às seis e meia, como de hábito, para o "*atelier*". Dessa vez, levava minha trouxa, meu lençol e minha toalha, pois esperava jamais voltar de novo àquele dormitório.

Esperava, mas sem estar completamente convencida...

XIII

ANNECY

NA SECRETARIA, recebi minhas duas joias e meu dinheiro. A carcereira me devolveu os objetos depositados no almoxarifado. Ela se tornara quase afável comigo, guardando, obviamente, as distâncias obrigatórias. Manteve-se obstinada, até minha partida, em sua hostilidade contra o xarope, e fiz uma brincadeira quando ela o estendeu para mim, visivelmente contrariada. Tirei a rolha do frasco e tomei alguns goles. Ela teve um movimento de susto. Estava realmente convencida de que ali dentro havia algum veneno!

– Vá embora! Vá embora logo! Eu não gostaria de ver a senhora desabar na parede da Casa de Detenção – disse ela com severidade.

Jamais entendi porque aquele xarope cor-de-rosa havia lhe inspirado semelhante suspeita.

Às dez horas, chegou o miliciano[22] que nos conduziria à Gendarmaria, para onde os advogados enviariam os mandados de libertação. Éramos um grupo de oito pessoas deixando a Casa de Detenção: cinco mulheres e três homens.

22 N.T.: A milícia francesa foi uma organização paramilitar criada em janeiro de 1943 pelo governo de Vichy para lutar contra a Resistência, atuando também na captura de judeus.

Finalmente, um portão pesado se abriu para nos deixar sair. Estávamos contentes e andávamos alegremente. O guarda nos dizia "Caminhem! Caminhem! E mais depressa!", como quem quisesse exercer pela última vez seu poder sobre nós.

Antes de virar a esquina da inesquecível rua, olhei mais uma vez para a construção imponente, com seus muros altos dos quais emergia uma árvore triste, de copa desbastada. Eu a havia contemplado com frequência: ela tinha crescido em altura, na sua busca nostálgica por espaço e liberdade.

– Às quatro horas a gente continua para Gurs! – proclamou subitamente o miliciano.

– Para Gurs? Para Gurs? – gritaram oito vozes ao mesmo tempo. – Mas nossos advogados nos afirmaram que estávamos livres.

– Não – respondeu claramente o homem. – Uma nova ordem de prisão com data de ontem ordena a transferência de todo mundo para Gurs!

Era mais que possível. Uma tristeza de chumbo se abateu sobre nós. Desesperados, entramos na Gendarmaria.

Uma hora mais tarde, apresentaram-se três advogados, mostraram os mandados de libertação e partiram com seus clientes.

*

Meu advogado não viera, e de repente eu me encontrava sozinha. Estava num tal estado de nervos que me sentia enlouquecer.

O miliciano lançava olhares debochados na minha direção. Superando o ódio cordial que ele me inspirava, pedi-lhe o favor de telefonar ao advogado para lembrá-lo de minha situação. Ele se recusou sem meias palavras, dizendo que não cabia aos gendarmes correr atrás dos mandados de libertação, muito pelo contrário!

- Os advogados só têm de vir aqui, eles são pagos para isso, ora!

E saiu, com ar de felicidade.

Um gendarme entrou e imediatamente me acalmou. Ele disse estar ciente de que eu figurava na lista dos libertados.

- Esqueça as observações do *outro* - acrescentou. - Ele adora uma brincadeira. Vai dar tudo certo. Paciência!

Mas eu não aguentava mais. À beira da exaustão e da prostração, comecei a chorar lágrimas pesadas.

Ao me ver sacudida pelos soluços, meu guarda correu em busca de um copo de água fria e repetia paternalmente, enquanto o oferecia:

- Vamos, vamos!

Depois do meio-dia, meu advogado, retido no tribunal aquela manhã, telefonou à Gendarmaria, informando que traria o mandado de libertação à tarde. O gendarme ficou muito satisfeito. Passou-me alguns papéis para assinar:

- A senhora está livre. Eu tinha certeza. E agora vai poder fazer uma boa refeição e tomar um bom copo de vinho.

Emocionada, estendi-lhe a mão:

- Obrigada, senhor, o senhor é um verdadeiro francês!

Ele pegou meus dedos, apertou-os com vigor e afirmou, subitamente grave:

- Boa sorte, senhora! Eles vão nos pagar por tudo, palavra de honra de filho da Saboia!

Fazia assim o mesmo juramento solene de Marius, o meridional.

*

Com o passo trêmulo, atravessei o grande pátio. Não podia evitar virar-me a cada instante para ter certeza de que nenhum gendarme me seguia. Vendo que de fato não havia ninguém atrás de mim, saí sem precipitação. Fui tomada por tal vertigem que tive de sentar em cima de um marco na frente da entrada. De olhos fechados, a trouxa de roupas a meus pés, fiz um esforço para recuperar a respiração.

O lugar diante de mim parecia-me imenso. Não tinha coragem de atravessar aquele espaço. Quando vi uma senhora idosa vindo na minha direção, falei com ela:

– Permita-me, senhora, caminhar ao seu lado até o restaurante mais próximo.

Ela me ajudou a levantar, pegou minha trouxa e, segurando meu braço, conduziu-me como se faz com uma pessoa doente. Jamais esquecerei a doçura de seu apoio afetuoso. Ela não fez nenhuma pergunta. Como lhe fui grata!

Lentamente, conduziu-me até uma mesa num terraço envidraçado. Agradeci calorosamente. Depois de saudar a proprietária, com a qual parecia ter ótimas relações, a senhora partiu me fazendo um amável gesto de adeus.

Uma morena exuberante, a filha da casa, como soube a seguir, veio me servir. Pedi-lhe a gentileza de expedir uma notificação telefônica aos Marius.

Ela salientou que as comunicações externas estavam proibidas aos estrangeiros, mas ofereceu-se para proceder às formalidades em seu próprio nome.

Sempre contemplando o lago, o sol, o céu, as árvores e os transeuntes, comecei a comer.

Uma hora mais tarde, consegui a comunicação: os Marius estavam do outro lado da linha. Eles manifestaram toda a sua alegria ao me saber em liberdade e prometeram vir me ver na Saboia. Nossa conversa terminou numa explosão de contentamento, com um estranho fenômeno acústico duplicando nossas palavras. Era um receptor especial de controle? Ignoro. Pouco nos importava: eu estava livre!

Ainda fiquei ao sol por um longo tempo, lendo e escrevendo cartas, olhando ao redor: a paisagem, os pedestres, o vaivém da rua. Retomava o contato com a vida... Quando quis acertar a conta do telefonema e da refeição, fiquei estupefata ao saber que o almoço tinha sido pago pela boa senhora que me acompanhara, e eu podia, ademais, tomar um café e comer um pedaço de doce suplementar igualmente já pagos. Essa prova de simpatia, mais a amabilidade da jovem da Saboia e as palavras encorajadoras dos Marius devolveram boa parte da minha coragem.

Ao caminhar na rua, experimentava uma espécie de vertigem que continuaria a me acompanhar, por mais de uma semana, toda vez que me encontrava ao ar livre.

*

Na esquina da rue Royale, encontrei a bela vienense e seu menino prodígio. Devido à gravidez avançada, ela havia sido libertada e autorizada, enquanto esperava o processo do marido e do pai, ambos presos, a se instalar num hotel da localidade, sob vigilância – ou seja, tinha a obrigação de se apresentar duas vezes por dia ao comissariado "para dar prova física de presença".

Conversamos. Ela me aconselhou a ficar no seu hotel; os proprietários eram boa gente da Saboia, disse, e protegiam os fugitivos. Uma recomendação valiosa, constatei, e fui para lá sem demora.

Eram apenas seis da tarde, mas o cansaço e, principalmente, a atração de uma cama com lençóis brancos, um verdadeiro travesseiro, um verdadeiro edredom, e até mesmo duas colchas... foi irresistível, e deitei. A camareira me trouxe dois sacos de água quente e, um quarto de hora mais tarde, sobre uma bandeja, chá com leite, pão e queijo! Degustei todas essas "especialidades" e então, como um animal esgotado, me abandonei à volúpia do sono.

Os dias passavam. Não conseguia recuperar completamente a tranquilidade. Passos pesados na escada, o toque da campainha à noite, vozes no vestíbulo, faziam com que me vestisse sentada, suando copiosamente e com a respiração entrecortada.

*

Uma noite, três batidas violentas soaram na porta vizinha.

– Quem é? – gritou uma voz masculina.

– Polícia! – foi a resposta severa.

A porta se abriu depois de vários minutos, e ouvi meu vizinho exclamar:

– Imbecil! Você por acaso está maluco? Que ideia foi essa de me acordar desse jeito?

Ao que o visitante respondeu, rindo:

– Até parece que você ficou com medo. Mas era uma brincadeira!

– Grande brincadeira! – vociferou o outro. – Numa época em que a polícia está em todo lado!

E eles mudaram de assunto.

Quanto a mim, àquela altura já estava completamente vestida, segurando numa mão a autorização de estadia em Annecy e na outra minha pequena mala. Como pude me aprontar em apenas alguns minutos? A explicação é que durante as prisões em massa em Nice eu havia adquirido uma extrema destreza nesse tipo de exercício...

No dia seguinte, todos os hóspedes do hotel comentavam a "piada noturna". Os que haviam sido soltos e, mais ainda, os que estavam escondidos e às vésperas de fugir haviam ficado em pânico. O autor da brincadeira de mau gosto, sem maldade nem malícia, simplesmente ignorara a atmosfera do momento.

Hoje em dia, sorrio à lembrança do meu pavor e, sobretudo, da minha aparência de então...

Vi em Annecy a maior parte dos prisioneiros que haviam sido libertados. Todos aguardavam autorização de viagem para voltar aos seus endereços anteriores.

Mas eis que cartões-postais e cartas recebidos de outros departamentos nos puseram novamente em alerta.

Uma austríaca nos informou que, logo após sua libertação e retorno aos Alpes Marítimos, caíra "gravemente doente" (ou seja, em linguagem cifrada, correra o perigo de ser deportada), e que Sophie (o nome dela) se tinha "posto a caminho" de Grenoble, a fim de, obviamente, se reaproximar de novo da fronteira.

Outra nos falava de uma forte "crise de reumatismo" (necessidade de fuga).

Uma alemã que saíra da prisão ao mesmo tempo que o marido e fora para casa em Nîmes, soubera ao chegar lá que "os franceses" (milicianos) tinham aparecido para "convidá-los"; o casal estava numa grande fazenda onde "cuidavam deles" (eram escondidos), à espera das "vindimas" (nova tentativa de fuga). No Alto Garonne, grassava "uma epidemia de escarlatina" (deportações).

Duas mulheres jovens nos contaram, de Gurs, que "seu pai" (advogado) não abandonava a esperança de revê-las em breve, "sendo as condições atmosféricas favoráveis ao alpinismo neste momento". Muitos também nos informavam que suas famílias haviam sido deportadas.

No Isère, porém, "o tempo era soberbo, quase primaveril", e os desafortunados pareciam recuperar ali o gosto pela vida.

Os detidos que haviam obtido autorização de permanecer provisoriamente nas várias localidades da Saboia confiavam no futuro. Essa trégua, similar a um período de férias, havia acalmado os espíritos e renovado a coragem.

*

Em Nice, em Grenoble e em meus encontros com outros refugiados, ouvira com frequência o nome do padre F., de Annecy.

Como numerosos desamparados em busca de auxílio e consolo, fui visitá-lo logo depois de ser libertada. A casa dele estava deserta. Bati numa porta ao fundo de um corredor.

O senhor padre em pessoa veio abrir. Ele estava contra a luz e distingui apenas sua silhueta alta. Introduziu-me num grande cômodo cheio de livros e me ofereceu lugar a uma mesa atulhada de papéis e pacotes de todos os tamanhos. Alguns não estavam amarrados e vi café, arroz, açúcar, chá... Havia embrulhos maiores em cima de todas as cadeiras e para sentar o padre teve de tirar o que havia sobre uma delas. Só quando ele se instalou na sua escrivaninha, na minha frente, pude vislumbrá-lo em plena luz do dia.

Seu olhar e sua figura tinham uma expressão de infinita doçura. Jamais vira um olhar tão direto. Sentia-se imediatamente que ele confiava no interlocutor. Um brilho emanava de sua bondade e sua presença era tranquilizadora como uma bela manhã ensolarada num dia de paz.

O senhor padre deve ter me julgado em estado deplorável, pois logo no dia seguinte anunciou que a superiora de um convento me oferecia asilo a fim de que eu recuperasse as forças e reencontrasse a serenidade de espírito.

Aceitei de bom grado o convite e fui para o convento, prédio inteiramente branco sobre o fundo das montanhas.

Eu tocava o sino da entrada quando uma mão invisível pareceu abrir a porta, franqueando um belo jardim repleto de árvores frutíferas.

Avancei para a entrada.

A irmã Angélica exercia a função de porteira havia 25 anos. Quantos seres humanos devem ter entrado no convento sob seu olhar benevolente no decorrer desse belo intervalo de tempo!

De tanto acolher, seu rosto havia se tornado a própria expressão de amparo. Ela parecia ao corrente da situação e me acomodou na sala próxima à entrada, para aguardar o chamado de "nossa madre".

Sentamo-nos perto da janela. A irmã Angélica me falou das árvores, a grande alegria terrena das boas irmãs que se dedicavam à jardinagem. Ofereceu-me uma bela maçã de inverno da safra local, uma variedade especial da Saboia, disse, que elas haviam conseguido colher particularmente saborosa naquele ano.

Ouviam-se cantos e risos infantis: havia um orfanato contíguo ao convento.

A madre superiora me acolheu com bondade. Contou-me que o convento abrigava muitos órfãos de pais deportados. Eles deveriam ser transportados para a Suíça por uma irmã carmelita, aguardada naqueles dias.

– Eles jamais riem – suspirou ela.

Havia meses e meses, quantos pobres seres perseguidos tinham conseguido um instante de repouso no convento!

A madre superiora levantou o olhar para o Cristo de marfim e calou-se. Rezava.

Esse acolhimento maternal me emocionou e caminhei para o fundo da casa sentindo-me reconfortada.

*

Nada perturbava o silêncio do convento. O jardim branco me protegia do mundo exterior. As montanhas erguiam um segundo círculo protetor ao meu redor. A paz reinava por toda parte.

Comecei a retomar lentamente o ritmo da existência.

De manhã, às seis horas, um sino vigoroso anunciava o despertar.

Mal se percebiam os passos silenciosos das irmãs que saíam de seus dormitórios claros.

Logo depois, o sino convidava à capela, e quase de imediato seguia-se a voz cristalina da sineta da missa.

O sol se levantava em toda a sua glória e inundava o convento silencioso, as montanhas e a terra inteira.

Após a missa, as irmãs se encaminhavam para suas humildes obrigações e seus deveres cotidianos com visível serenidade.

A irmã Celestina contava às crianças a história dos pagãos, dos infiéis, dos seres corrompidos e diabólicos que finalmente haviam recebido a graça. Sua fé na potência do milagre era profunda e comunicativa. Era com avidez e encantamento que a plateia a escutava.

A natureza ao redor me acalmava sem que pudesse, contudo, reencontrar nela a alegria de outrora. Eu sabia que estava desfrutando de uma simples pausa. Aproveitava aqueles dias de paz provisória como se fossem um precioso remédio que alguém toma aos goles para recuperar as forças enquanto se prepara para as lutas vindouras.

A guerra continuava na Europa, cada vez mais sanguinária, da mesma forma que as perseguições.

Minha família se encontrava numa parte inacessível de nosso planeta.

O passado ainda era recente e o futuro estava sempre repleto de ameaças.

Encontrávamos o senhor padre todo dia. Às vezes, ele descia de bicicleta pelo caminho de uma colina, sua batina revelando traços de caminhadas penosas.

Ele ia visitar os doentes e os incapacitados em toda a região, consolava os desesperados e subia até os campos para levar aos mais inacessíveis cartas, mantimentos, cigarros e palavras de encorajamento.

Às vezes, eu chegava para visitá-lo na Casa Paroquial justo na hora em que ele se preparava para sair. Eu o via colocando nos bolsos da batina os objetos mais diversos: um frasco de medicamento, maços de cigarros, um pouco de café, dois pares de meias, uma camisa e, um dia, até mesmo um litro de vinho tinto!

Diante do meu espanto, ele brincou:

– É incrível o que cabe no bolso de um padre, não é? Veja só! E eu quase esqueci de...

E juntou um par de chinelos que, com efeito, ainda coube dentro da batina!

Ele se pôs a rir, descontraído.

Ele vinha regularmente saber notícias minhas no convento, aquele retiro ideal ao qual me havia conduzido num momento em que minha resistência soçobrava. Às vezes, me falava de seus doentes, de seus fiéis, de um batismo, de um moribundo, sempre com a mesma solicitude afetuosa.

O padre não esquecia ninguém, recebia abertamente os fugitivos, ele mesmo os conduzia até a fronteira ou então os confiava aos moradores da região, que se incumbiam sem hesitar da tarefa perigosa. Ele encontrava por toda parte franceses dispostos a ajudar os perseguidos e casas que os escondiam.

Não tinha nenhuma prudência, nenhum comedimento no exercício de sua obra de caridade, e se jogava temerariamente, a cabeça erguida, num perigo que lhe era impossível ignorar.

Em sua fé profunda, será que ele acreditava que a Providência não poderia abandoná-lo em sua missão de cristão? Ou ia com simplicidade ao encontro do seu destino, confiando-se à vontade divina e submetendo-se antecipadamente às suas decisões?

*

Certa manhã, não consegui me levantar. A enfermidade incubada havia muito tempo se manifestara de forma violenta. Com febre, passei dez dias num estado de semiconsciência.

Como numa visão longínqua, a irmã Angélica inclinava sobre mim as asas brancas de sua corneta. Eu bebia uma mistura de tisanas perfumadas e refrescantes que me saciavam a sede e pareciam bebidas celestiais.

Uma grande necessidade de sono havia se apoderado de mim. Dormia. Sonhava que estava num abismo que exalava vapores de reflexos opalinos cuja ação sonífera era inútil combater. Eu me abandonava ao seu poder.

Eu também sonhava, às vezes, que tinha adormecido para o último sono. Invadia-me um grande alívio. Só um desgosto me atormentava, o de não rever mais minha querida e velha mãezinha. Então chorava e a chamava no meu delírio.

Ao voltar a mim, abril sorria suavemente por trás das janelas do dormitório.

As árvores começavam a florescer.

O céu era de um azul pálido.

A primavera brotava.

A sra. Marius veio me visitar e ficou hospedada no convento. Trouxe do consulado suíço em Nice o visto renovado, e me contou que a maioria dos nossos conhecidos tinham sido deportados; os outros se escondiam. Havia muito tempo que os italianos não detinham poder algum. Nos Alpes Marítimos, os alemães os haviam suplantado por todos os lados...

Ela me falou de suas apreensões a meu respeito. Eu não devia mais esperar.

Depois que a sra. Marius voltou para Nice, passamos toda a guerra sem nos ver.

XIV

NA FRONTEIRA

NUM DIA MARAVILHOSO de abril, plena primavera, tomei pela segunda vez o rumo da fronteira.

Recebi explicações bastante precisas sobre o local onde o arame farpado não estava muito alto, e onde um fosso cheio de água servia de obstáculo natural. Era um ponto transponível, e o único risco que se corria era o de pegar um forte resfriado - mais facilmente curável que uma deportação para a Alemanha!

Na época, a possibilidade de adoecer por causa do frio era, com certeza, um perigo risível...

Segui então para o fosso, naquele dia, com um passo entusiasmado, caminhando ao longo das acessíveis cercas de arame farpado, atrás das quais estava... a Suíça!

Tive várias vezes a tentação de não perder mais tempo, subir logo nos fios de arame com a ajuda das mãos e pular para o outro lado. Mas não era tão fácil assim e as instruções eram formais: aguardar o fosso!

Enfim, cheguei ao lugar...

Levantando o vestido, preparava-me para saltar.

- O que a senhora está fazendo aí?

Meu gesto havia sido surpreendido por um soldado que, camuflado atrás de uma árvore, apareceu de repente.

Compreendi a inutilidade de uma resposta; aliás, seria incapaz de proferir uma única palavra.

Eu sabia que essa segunda fuga, chamada de recidiva, me enviaria diretamente, e sem julgamento, para Gurs. Sabia tudo o que me aguardava e, apesar disso, experimentava apenas um sentimento de vazio e de ausência. Tudo era distante. O tempo parecia ter suspendido seu curso.

Transcorreu uma eternidade.

– Voltamos para Saint-Julien – ouvi dizer uma voz cantante da Itália.

Pusemo-nos a caminho. Não pensava em nada.

Após alguns quilômetros, dois policiais de bicicleta apareceram na estrada.

Fiquei completamente transtornada. Ao mesmo tempo, o soldado me agarrou o braço. Os policiais se aproximavam.

Subitamente, o soldado começou a falar:

– *Bel tempo*! Sol! Bom para o solo! Eu, camponês lá. *Terra napolitana. Bella, bellisima terra*!

Os guardas passaram.

Em Saint-Julien, o italiano parou na frente dos ônibus. Fez-me subir no que ia para Annecy, me acomodou e colocou a trouxa de roupas sobre meus joelhos. Ele a levantara e carregara por todo o caminho.

Ele desceu. O ônibus partiu.

Um camponês da terra napolitana acabava de me outorgar o dom da vida – não havia me denunciado...

Enquanto admirava o espetáculo grandioso dos Alpes se desdobrando à minha frente, de novo cantava em mim a doce melodia do reconhecimento...

*

De volta a Annecy e ao hotel, fui recebida com extrema amabilidade pela proprietária. Ela me entregou uma convocação que chegara na minha ausência: a Prefeitura me informava que eu devia buscar minha autorização de residência prolongada.

A vienense ainda vivia lá com seus "dois homens", como chamava o pai e o marido. Ela me pôs a par dos fatos do dia: a situação se agravara consideravelmente.

Todos os refugiados, sem exceção, ela contou, deviam se apresentar duas vezes por dia à polícia, conforme uma ordem recente de Vichy; muita gente ainda chegava de departamentos onde as deportações continuavam, e as fugas para a Suíça voltavam a ser tão frequentes quanto em dezembro.

Na Prefeitura, tomei meu lugar numa fila de estrangeiros aos quais o funcionário fazia perguntas relativas à identidade, sem, contudo, insistir na questão da raça. Os que ainda não tinham a menção racial inscrita nos documentos receberam a autorização de residência sem essa indicação, uma omissão importantíssima para os dias futuros!

Por algumas semanas, eu ainda me senti a salvo, não obstante a ameaça oculta na sombra.

Havia cada vez mais carros em circulação ocupados por alemães. Chegavam a um grande hotel da cidade e dizia-se que eram da Gestapo. Haviam instalado em plena rue Royale um escritório de recrutamento de trabalhadores franceses, aonde desciam ônibus lotados de jovens. Às vezes, ocorriam demonstrações em torno dos veículos, e os trabalhadores, quase prisioneiros, escapavam com a ajuda de transeuntes.

As vitrines desse escritório expunham caricaturas variadas e vistosas de propaganda antissemita.

Aparentemente, porém, o departamento parecia sossegado sob o regime da Ocupação italiana.

Nesse retorno, tive tempo de sobra para flanar em Annecy, e fiz descobertas curiosas.

No centro de uma praça, uma fonte de água murmura. Ali perto, uma pequena ponte dos tempos antigos, com seu balaústre leve, assemelha-se a um brinquedo.

Uma passarela que parece ter sido retirada de um cenário teatral; apenas a corrente vivaz do córrego e o odor penetrante das plantas aquáticas comprovam que tudo aquilo é real. Na esquina dessa rua, ao redor de uma velha igreja, erguem-se construções vetustas.

Em outra rua, eleva-se uma torre carunchada e úmida, de janelas estreitas: é uma antiga prisão. Ali se trancafiavam detentos até poucos anos atrás. Ela agora está abandonada. Que felicidade!

Perco-me nas ruazinhas e atravesso uma longuíssima passagem escura sob antigas moradias; um arrepio me percorre a espinha. Subitamente, chego ao átrio ensolarado de outra igreja. Em outra passagem, uma lâmpada elétrica parece um anacronismo nesse ambiente de Idade Média. A luz da lâmpada estremece sob uma abóbada milenar. Velhas escadas sobem em caracol. Vamos galgar esses degraus que cheiram a mofo. Mas eles não levam a uma mansarda sinistra; parando em frente a uma porta de carvalho finamente entalhada, vamos bater, usando o puxador de bronze. Entramos... O lugar parece um museu!

O tempo respeitou as cores claras do teto; o piso é um verdadeiro mosaico de marchetaria. Na parede, veem-se quadros; vitrines com velhas porcelanas e rendas ainda mais velhas.

Retomo meu passeio em Annecy: eis que surge uma grade antiga cujo ferro forjado se abre em flores entrelaçadas. Um velho portão é circundado por baixos-relevos representando personagens das Escrituras.

Muitas lojas, nos bairros antigos, têm adornos entalhados na madeira ou pintados a cores.

A pureza do estilo de alguns velhos hotéis chama a atenção.

A casa de Francisco de Sales ainda está habitada por inteiro pelo passado glorioso desse santo, ao mesmo tempo grande senhor e espírito altamente esclarecido.

Chego agora ao jardim do antigo Bispado e sua bela relva. Paro a fim de contemplar uma acácia milenar adornada de flores brancas. Bem em frente, exibe-se sua vizinha, a acácia rosa. São duas velhas companheiras da mesma idade; o tapete matizado de suas pétalas mescladas recobre o solo e a água adormecida de um pequeno arroio que não leva a lugar algum.

Sento-me num banco coberto de musgo, à sombra de um carvalho vigoroso, e olho as crianças da França que brincam de roda, graciosas, cantando:

Não vamos mais ao bosque,
Os loureiros foram cortados...

*

Ao longo desse período, os acontecimentos seguiam seu curso.

Meu segundo visto, por sua vez, ia se tornando obsoleto.

O sr. Marius, informado do fracasso de minha segunda tentativa de fuga, foi ao consulado de Nice e ali lhe disseram que meu *laissez-passer*, renovado pela terceira vez, devia ser retirado no consulado em Annemasse.

Ao mesmo tempo, meus amigos da Suíça me informaram que haviam obtido a última prorrogação e que seria impossível, daí em diante, fazer uma nova solicitação.

Da noite para o dia, me vi diante de uma alternativa desconcertante: correr o risco de não ter mais visto ou tentar fugir pela terceira vez.

Face aos acontecimentos, surgiu inesperadamente o sr. Marius. Ele concedera a si mesmo 48 horas de folga a fim de fazer uma viagem de 34 horas, considerando-a como sua missão em meu benefício.

Depois de me narrar o horror dos fatos ocorridos nos Alpes Marítimos desde minha partida de Nice, ele disse:

– Sou um homem sem instrução nem saber... Desculpe minha presunção, mas posso lhe garantir que é inútil e perigoso esperar. Vale mais a pena tentar uma nova fuga do que ficar sob o domínio deles! Quanta desgraça! Ai, o que eu vi! Só lhe digo uma coisa: vá embora, senhora!

Eu lhe fiz as honras da casa em Annecy.

Ele achou a cidade pequena e o lago muito bonito, "mas isso não vale o mar". Enviou meia dúzia de cartões-postais a parentes e amigos de Nice. Ria discretamente do espanto deles com a notícia de suas férias extraordinárias: era a primeira viagem de sua vida de trabalho!

Muito depressa, ele sentiu uma saudade terrível da mulher, da atividade febril de seu negócio e sobretudo de sua terra, Nice!

– Digam o que quiserem – ele repetia – mas o sol daqui não é igual ao nosso.

De volta a Nice, ele me enviou uma carta para dizer que o mundo era muito bonito, mas nada era tão belo quanto a sua "terrinha".

*

Na história da França durante os anos da Ocupação, as páginas consagradas à Saboia estarão entre as mais altivas e gloriosas.

Pois a coisa mais bela numa região tão bela como a Saboia foi a atitude do seu povo.

Toda a região manteve seu espírito de independência e continuou a prodigalizar apoio e hospitalidade àqueles que afluíam, cada vez mais numerosos, em busca de refúgio.

O *maquis*[23] ficou abarrotado de resistentes, vindos de todos os cantos da França, e as casas particulares escondiam os perseguidos.

A Gestapo e a Milícia chegaram juntas, instalando-se por toda parte.

O que ocorria em outros departamentos permitia prever que a Ocupação italiana seria substituída na Saboia, de um dia para o outro, pelas autoridades alemãs.

O controle de Vichy aumentava...

Em maio de 1943, um grupo de refugiados foi, como de hábito, se apresentar à polícia. Imprevistamente, todos foram detidos e encarcerados em porões da Prefeitura, enquanto se aguardavam as instruções de Vichy.

A vienense foi avisada; seu marido e seu pai estavam entre os presos. Em pânico, ela correu à Câmara Municipal, à Prefeitura, à Gendarmaria, e voltou em lágrimas à Câmara... Não imaginando outro socorro possível, um funcionário francês aconselhou-a a apelar para o último recurso: pedir a proteção dos ocupantes italianos.

Ela foi ao hotel onde ficava a comissão. Depois de pedir a ela que aguardasse, o comandante subiu em seu carro, foi à Prefeitura e ordenou a libertação imediata de todos os detidos. A ordem foi prontamente cumprida. Em seguida a esse êxito, a vienense ganhou o apelido de "embaixatriz". E mais de uma vez ela apresentou as solicitações de prisioneiros, libertados e fugitivos.

23 N.T.: *Maquis* designa as áreas de escasso povoamento, em diferentes regiões da França, onde os resistentes estabeleciam suas bases e desenvolviam suas atividades.

Com certeza não lhe faltavam recursos.

Uma tarde, sentada perto do lago, vi uma mulher jovem cujos traços me eram familiares. Quando ela se aproximou, a reconheci – a vienense! Mas como estava mudada! Esguia, caminhando de salto alto, não tinha mais qualquer traço de gravidez...

– Meus parabéns! É menino ou menina? – perguntei, quando ela se sentou ao meu lado.

– Se eu tivesse dado à luz, teria sido há muito tempo – ela respondeu, rindo. – Não, não, na verdade eu nunca estive grávida! O médico do campo, um bom francês – quantos desgraçados ele salvou naquela época! –, me deu um certificado de gravidez para evitar minha deportação. Quanto ao resto, era o efeito de um enchimento excelente, monumento que depois ficou supérfluo.

Fiquei atônita.

O subterfúgio era só mais um exemplo das mil e uma formas que as pessoas usavam para escapar das perseguições.

Em maio, a polícia local foi obrigada, por ordem de Vichy, a apor nos documentos dos franceses e dos estrangeiros de religião ou origem judaica a palavra "*Judeu*".

Era preciso fugir, a qualquer custo, antes que essa marca impossibilitasse qualquer deslocamento.

A solução do salve-se quem puder tornava-se a única saída.

No consulado suíço em Annemasse, soube que o visto anunciado ainda não tinha chegado.

Voltei a me esconder.

XV

RUMO À SUÍÇA

OITO DIAS mais tarde chegou o visto prorrogado. Sua validade completa era, com efeito, de um mês!

Recebi mais uma vez as instruções indispensáveis. Eu devia, antes de tudo, me recolher imediatamente ao convento, para não ser alcançada pela milícia quando esta saísse para fazer prisões em massa.

Dispondo de documentos que ainda não tinham a indicação de raça, eu podia circular sem perigo iminente.

Do convento, fui, às sete horas da noite, para o albergue designado. Lá, mandei chamar o agente aduaneiro H.

Natural da pequena aldeia de E., suspeito, ainda sem provas, de ter favorecido a fuga de resistentes, o agente não desistira de se envolver, apesar de sua situação comprometedora.

Ele já tinha sido avisado de minha chegada. Homem alegre e afável, me recebeu de bom humor.

Apresentou-me à dona do albergue como uma amiga de sua mulher que vinha passar um mês de férias com eles.

– Ah, tudo bem – disse a dona em um tom de quem não parecia muito convencida.

O agente me convidou para comer e beber. Percebi que era uma figura realmente popular. A julgar pela maneira de me servirem, compreendi que também ali, como na maioria das casas saboianas, estavam a par da "situação" e simpatizavam com o sr. H. e seus protegidos.

Entretanto, quando dois gendarmes entraram e se instalaram não longe de nós, perdi toda a segurança. Logo constatei que os dois rapagões me ignoravam ostensivamente: eles se aproximavam de nossa mesa para conversar com os convivas e quase me roçavam, mas não me viam.

Sussurrei ao agente que não me sentia à vontade; ele respondeu que ainda precisávamos esperar seu filho. "Um futuro universitário!", acrescentou com orgulho. O filho chegou minutos depois.

Era um rapaz de dezesseis ou dezessete anos, ar desconfiado, com um boné de colegial enfiado até os olhos, livros embaixo do braço. Ele se mostrava altivo, como quem desdenhasse o entorno. Fez um sinal e nos levantamos.

Partimos.

No meio do caminho, ouvi o estudante cochichando com o pai. Este parecia se defender. O filho vociferava:

– Você vai ver a cara da mamãe.

– O que está feito, está feito – respondeu o pai, categórico.

Tínhamos sete quilômetros à nossa frente e caminhávamos ao longo das cercas de arame farpado. O agente me mostrou a localização de portões colocados em alguns pontos; através deles, as populações fronteiriças da Saboia e da Suíça se comunicavam com regularidade. Fechados à noite por cadeados e abertos de dia, eles haviam servido a muitas fugas e eram objeto da mais severa vigilância por parte dos soldados alemães e italianos, e dos milicianos franceses.

O agente pronunciou a palavra "milícia" de um jeito muito especial, com uma nuance de profundo desprezo.

Observei em várias oportunidades como esse termo tinha para muitos franceses, já naquela época, um sentido altamente pejorativo.

O gendarme que participou de nossa transferência para a Casa de Detenção tinha dito: "Não somos da milícia, não." Outro arrematara: "Tomara que ninguém aqui pense que somos da milícia!"

Na ocasião, eu não compreendera toda a profundidade dessa distinção.

A mulher do agente me recebeu sem entusiasmo, mas não pude levá-la a mal, pois o envolvimento do marido o colocava em perigo.

O futuro universitário estava visivelmente contrariado e se atirou por inteiro numa discussão que ele mesmo provocou. Reprovava as opiniões antialemãs do pai, sua falta de prudência e de conveniência.

Passei uma noite insone sob aquele teto, inquieta com o dia seguinte. Para me encorajar, dizia a mim mesma que a ida para a Suíça, além de me salvar, facilitaria minhas relações com minha mãe e toda a família.

Traçava grandes projetos...

O dia despontava aos poucos: um belo e radiante dia de junho.

*

A mulher do agente aduaneiro tinha pressa de me ver longe e me acompanhou por um trecho do caminho.

Caminhávamos numa encosta, e via lá embaixo a estrada nacional, ao longo da qual as redes de arame farpado, especialmente densas naquela região, estendiam-se ao infinito.

À luz do dia, discernia melhor a localização dos portões, mas também os sentinelas postados a cada duzentos ou trezentos metros, vestidos de verde, uma pluma no chapéu, fuzil a tiracolo – italianos! Uns estavam parados, em pé, outros encostados em alguma árvore, ou sentados no declive, ou caminhando de um lado para o outro.

Nas proximidades do viaduto, me separei da sra. H. Devia prosseguir agora pela estrada nacional e descobrir uma passagem entreaberta.

Ainda que me preparasse para buscar pela terceira vez uma passagem perigosa, saboreava toda a suavidade da hora matinal.

Dolorosamente oprimida pela separação que se aproximava, dava adeus às montanhas, às pradarias e aos campos, à aldeia tranquila, àquele vasto horizonte, à França.

Fui invadida pela tristeza porque devia cruzar suas fronteiras clandestinamente, como se fosse uma malfeitora.

Para me dar coragem, lembrava todos os sofrimentos, quase sobre-humanos, que havia suportado, mas ao mesmo tempo impunham-se à minha consciência o infortúnio terrível da França e sua interminável servidão.

De súbito, nasceu e cresceu dentro de mim um sentimento – a nostalgia pungente daquele país que eu iria abandonar.

....

Ao lado da estrada, um camponês estava cortando o pasto.

– Faz bom tempo – eu lhe disse, largando a trouxa aos meus pés e enxugando o rosto.

– É mesmo, bom tempo – ele respondeu.

– Diga, amigo, o portão está aberto? – joguei-lhe a pergunta inesperada.

Sem interromper seu trabalho, ele se afastou e voltou calmamente.

– Está aberto, mas choveu há pouco e parece que está emperrado – ele disse, sem levantar a cabeça.

"O que faço?" – pensava, já com o pânico me tomando.

– Posso ir? – perguntei ao camponês, em busca de algum encorajamento supremo.

– Vai! Mas vai depressa... Coragem!

Continuando em sua labuta, ele de novo se afastou alguns passos.

"Agora ou nunca!", gritou-me uma voz, a voz de toda a minha vontade em sua máxima tensão, e me precipitei.

O portão estava realmente emperrado.

Eu o sacudi com todas as minhas forças.

Instintivamente, lancei um olhar furtivo ao sentinela...

Um soldado italiano vinha na minha direção!

Foi então que sem pensar, num estado febril, desajeitada, transpus o obstáculo – e me atirei do outro lado!

Na queda, fios de arame farpado se engancharam nas minhas roupas. Caí por terra...

Quase na mesma hora, um tiro soou.

....

De novo um soldado corria para mim, com o fuzil nas mãos!

Caída, tonta, eu o esperava resignadamente.

– Levante-se, senhora, a senhora não está ferida. Vi o italiano atirando para o alto – disse em francês o soldado que me ajudava a levantar.

– Onde estou?

– Ora, vejam só! A senhora está na Suíça, eu suponho.

Só então compreendi e fui inteiramente engolfada pela emoção: alegria, esperança, alívio imenso.

Eu estava na Suíça, eu estava salva!

Avancei enquanto estancava o sangue abundante que escorria por minhas pernas e mãos. Tentava ao mesmo tempo botar um pouco de ordem nas roupas rasgadas.

Subitamente, minha tensão cedeu.

Eu chorava... Suavemente, as lágrimas por tanto tempo guardadas começaram a correr... Foi como se uma fonte cálida inundasse meu rosto. Engolia aquela água amarga e o pranto me aliviava de um peso esmagador.

Discretamente, o soldado suíço caminhava na minha frente, carregando a lastimável trouxa, minha companheira de fugas sucessivas e que continha tudo o que levava da França, além de um coração desolado e um cansaço mortal...

FIM

CRONOLOGIA

14 de julho, 1889 Frymeta Idesa Frenkel, conhecida como Françoise Frenkel, nasce em Piotrków, na região de Lodz, Polônia.

Antes de 1914 Paris. Estuda Letras na Sorbonne.

1919 Estágio numa livraria da rue Gay-Lussac.

1921 Françoise Frenkel inaugura, com o marido Simon Raichenstein, a primeira livraria francesa de Berlim: La Maison du Livre.[1]

1933 Em novembro, Simon Raichenstein se exila na França. Françoise Frenkel será daí em diante a única responsável pela livraria.

Julho, 1939 Françoise Frenkel deixa Berlim alguns dias antes da declaração de guerra e se instala em Paris, onde permanece por nove meses.[2]

1 Ver Corine Defrance, "La Maison du Livre français à Berlin (1923-1933) et la politique française du livre en Allemagne", in Hans-Manfred Bock e Gilbert Krebs, *Échanges culturels et relations diplomatiques: présences culturelles à Berlin au temps de la République de Weimar*. Paris: Presses de la Sorbonne nouvelle, 2005.

2 Em 1959, ao fazer o pedido de indenização, ela informa que a data da chegada foi "na primeira metade do mês de julho de 1939" (ver documento em anexo, p.250). No recibo, informa outra data: 27 de agosto de 1939.

28 de maio, 1940 Ela foge de Paris para a zona sul do país ocupado, e, na véspera, confia sua mala ao guarda-móveis do Colisée.

Dezembro, 1940 Chegada a Nice. Em fevereiro de 1941, aluga um quarto no hotel La Roseraie.

Julho, 1942 Simon Raichenstein é capturado durante as prisões em massa em Paris. Deportado em 24 de julho para Drancy, morre em 19 de agosto em Auschwitz-Birkenau, Polônia.[3]

26 de agosto, 1942 Prisões em massa em Nice e na zona sul do território francês. Françoise Frenkel encontra refúgio no Marius, salão de cabeleireiro (rue Saint-Philippe 12, entre a rue de France e a promenade des Anglais).

14 de novembro, 1942 A Gestapo confisca sua mala, depositada havia dois anos no guarda-móveis do Colisée.

Dezembro, 1942 Françoise Frenkel deixa Nice e tenta fugir para a Suíça. Detida e encarcerada em Annecy, é julgada e absolvida.

Junho, 1943 Françoise Frenkel atravessa clandestinamente a fronteira franco-suíça. No mesmo ano, redige o texto de *Sem lugar no mundo*.

Setembro, 1945 *Rien où poser sa tête* é publicado pela editora Jeheber, de Genebra.

Final de 1945 Provável retorno de Françoise Frenkel a Nice.

1958 Françoise Frenkel pede indenização pelo confisco de sua mala pela Gestapo.

18 de janeiro, 1975 Falecimento de Françoise Frenkel, em Nice.

3 Inscrito no Muro dos Nomes do Memorial da Shoá, em Paris.

ADENDOS / PROCESSO

MAPA DA OCUPAÇÃO NAZISTA NA FRANÇA

"A crescente afluência de clientes fez com que eu pensasse em expansão, e transferi a livraria para o bairro elegante da capital".

O NÚMERO 39a da Passauer Strasse, endereço da livraria La Maison du Livre, não existe mais. Ficava (na foto) à esquerda do imóvel *art nouveau* branco. No local, situam-se hoje as instalações da grande loja de departamentos KaDeWe, bombardeadas em 1943, reconstruídas e ampliadas em 1950.

La Maison du Livre é a primeira livraria francesa de Berlim. Aberta em 1921, foi propriedade de Françoise Frenkel e de seu marido, Simon Raichenstein. Como a mulher, ele estudara em Paris antes da Primeira Guerra Mundial; cursou primeiro a Escola Superior de Aeronáutica, em 1913, e depois a Escola Especial de Mecânica e Eletricidade.

Inicialmente instalada na Kleiststrasse 13, a livraria muda-se mais tarde para a Passauer Strasse 27, e depois para o número 39a da mesma rua, no cruzamento de três bairros, Charlottenburg, Schöneberg e Wilmersdorf, onde se torna passagem quase obrigatória para os escritores franceses no período entre as duas guerras. Jules Chancel relata que "madame Raichenstein (...) quis criar em sua livraria um centro do pensamento francês".[1]

Em 1933, conforme um documento do Serviço de Obras Francesas no Estrangeiro, a Embaixada da França rejeita "um pedido de subvenção extraordinária" para La Maison du Livre, ameaçada por uma declaração de falência "em virtude dos acontecimentos".[2] Uma carta de Henri Jourdan, do Instituto Francês, informa, contudo, que se a "senhora" da livraria sofreu "boicote", não o sofreu "como judia", mas porque "censuram-na por divulgar o pensamento francês".[3] Em 10 de maio de 1933, Simon Raichenstein obtém um passaporte Nansen.[4] Ele viaja definitivamente de Berlim para Paris em 9 de novembro.

Françoise Frenkel administra sozinha La Maison du Livre durante cinco anos. No verão de 1939, da noite para o dia, abandona sua livraria e seu apartamento "no estado"[5] e exila-se em Paris.

1 Jules Chancel, *Dix ans après: un Mark = six francs*. Paris: Fayard, 1928, p. 166-167.

2 SOFE (Serviço de Obras Francesas no Estrangeiro), vol. 269, nota manuscrita "Raichenstein", sem data. MAE/La Courneuve. [N.T.: criado em 1920, como parte do esforço de propaganda após a Primeira Guerra, o SOFE era uma repartição do Ministério do Exterior e funcionou até 1945, quando foi substituído por outro órgão.]

3 Arquivos do Ministério dos Correios, Embaixada da França em Berlim, 1915/1939, série B, vol. 463, nota do Instituto Francês de Berlim de 15 de abril de 1933 sobre o estado atual das obras francesas em Berlim. MAE/Nantes. Correspondência citada por Corine Defrance, op. cit.

4 Do nome do seu criador, Fridtjof Nansen, alto comissário para refugiados da Sociedade das Nações. Estabelecido em julho de 1922, o passaporte Nansen era um documento de identidade e viagem para refugiados e apátridas.

5 Ver "declaração juramentada", p. 250.

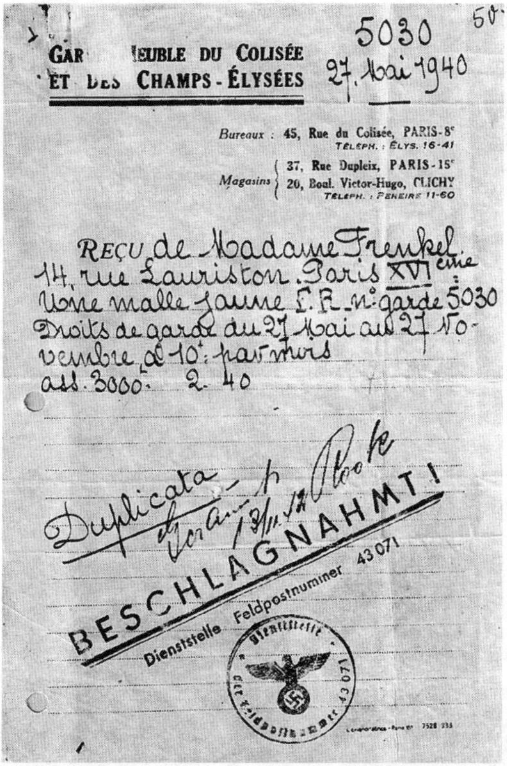

GAR[...] [M]EUBLE DU COLISÉE
ET D[ES] CHAMPS-ÉLYSÉES

5030 50·
27. Mai 1940

Bureaux : 45, Rue du Colisée, PARIS-8e
TÉLÉPH. : ÉLYS. 16-41

Magasins : 37, Rue Dupleix, PARIS-15e
20, Boul. Victor-Hugo, CLICHY
TÉLÉPH. : PEREIRE 11-60

REÇU de Madame Frenkel.
14, rue Lauriston. Paris XVIème :
Une malle jaune F. F. n° garde 5030
Droits de garde du 27 Mai au 27 Novembre à 10: par mois
ass. 3000. 2. 40

Duplicata [illegible] 13/11/42

BESCHLAGNAHMT!
Dienststelle Feldpostnummer 43 071

"Ora, esta mala, sã e salva de uma forma tão milagrosa, tinha sido confiscada pelos alemães em Paris, sob o pretexto racial. O guarda-móveis acabara de me dar essa informação por um aviso postal que recebi ao regressar a Avignon."

RECIBO DO GUARDA-MÓVEIS, com data de 27 de maio de 1940. Carimbo posterior de confisco do exército alemão aposto em 1942.

Esse recibo está incluído no processo de indenização movido por Françoise Frenkel depois da guerra.

"O hotel La Roseraie devia ter se chamado Arca de Noé. Hospedavam-se lá refugiados de nacionalidades e classes sociais das mais diversas. Era um mundo completamente heterogêneo que tinha em comum a expectativa da paz."

LA ROSERAIE, avenue Depoilly 10, em Nice, nos dias de hoje. Uma rua sem saída ladeada por mansões da Belle Époque. Françoise vive ali de fevereiro de 1941 a 26 de agosto de 1942.

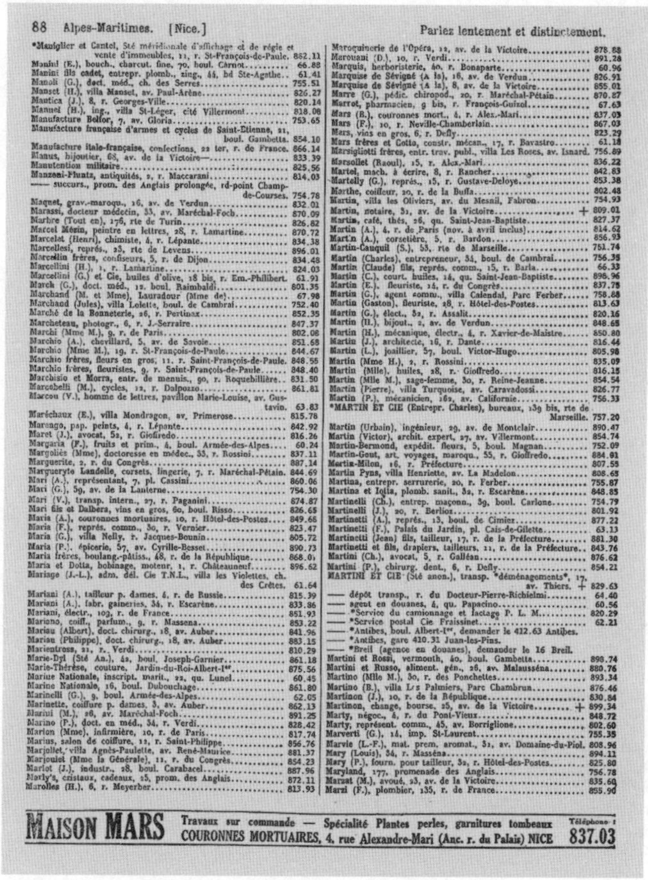
88 Alpes-Maritimes. [Nice.] Parlez lentement et distinctement.

*Maniglier et Cantel, Sté méridionale d'affichage et de régie et vente d'immeubles, 11, r. St-François-de-Paule. 862.11
Manini (E.), bouch., charcut. fine, 70, boul. Carnot.......... 66.88
Manini fils cadet, entrepr. plomb., zing., 44, bd Ste-Agathe.. 61.41
Manoli (G.), doct. méd., ch. des Serres.................... 755.51
Manset (H.), villa Manset, av. Paul-Arène.................. 826.27
Mantica (J.), 8, r. Georges-Ville.......................... 820.14
Manuel (H.), ing., villa St-Léger, cité Villermont.......... 818.08
Manufacture Belfor, 7, av. Gloria.......................... 753.65
Manufacture française d'armes et cycles de Saint-Étienne, 21, boul. Gambetta. 854.10
Manufacture italo-française, confections, 22 ter, r. de France. 866.14
Manus, bijoutier, 68, av. de la Victoire—................... 833.39
Manutention militaire...................................... 825.56
Manzoni-Pluntz, antiquités, 2, r. Maccarani................ 814.03
—— succurs., prom. des Anglais prolongée, rd-point Champ-de-Courses. 754.78
Maquet, grav.-maroqu., 16, av. de Verdun................... 832.01
Marassi, docteur médecin, 33, av. Maréchal-Foch............ 870.09
Marbre (Tout en), 176, rte de Turin........................ 826.82
Marcel Mézin, peintre en lettres, 28, r. Lamartine......... 870.72
Marcelat (Henri), chimiste, 4, r. Lépante.................. 834.38
Marcellesi, représ., 23, rte de Levens..................... 896.01
Marcellin frères, confiseurs, 5, r. de Dijon............... 834.48
Marcellini (H.), 1, r. Lamartine........................... 824.03
Marcellini (G.) et Cie, huiles d'olive, 18 bis, r. Em.-Philibert. 61.91
March (G.), doct. méd., 12, boul. Raimbaldi................ 801.35
Marchand (M. et Mme), Lauradour (Mme de)................... 67.98
Marchand (Jules), villa Lolette, boul. de Cambrai.......... 752.40
Marché de la Bonneterie, 26, r. Pertinax................... 852.35
Marcheteau, photogr., 6, r. J.-Serraire.................... 847.37
Marchi (Mme M.), 9, r. de Paris............................ 802.08
Marchio (A.), chevilliard, 5, av. de Savoie................ 851.68
Marchio (Mme M.), 19, r. St-François-de-Paule.............. 844.67
Marchio frères, fleurs en gros, 11, r. Saint-François-de-Paule. 848.55
Marchio frères, fleuristes, 9, r. Saint-François-de-Paule...... 848.40
Marchisio et Morra, entr. de menuis., 90, r. Roquebillière.. 831.50
Marcobelli (M.), cycles, 12, r. Dalpozzo................... 861.81
Marcou (V.), homme de lettres, pavillon Marie-Louise, av. Gustavin. 63.83
Maréchaux (E.), villa Mondragon, av. Primerose............. 815.78
Marengo, pap. peints, 4, r. Lépante........................ 842.92
Maret (J.), avocat, 52, r. Gioffredo....................... 816.26
Margaria (F.), fruits et prim., 4, boul. Armée-des-Alpes.... 60.24
Margoliès (Mme), doctoresse en médec., 33, r. Rossini....... 837.11
Marguerite, 2, r. du Congrès............................... 887.14
Marguerytc Landelle, corsets, lingerie, 7, r. Maréchal-Pétain. 844.69
Mari (A.), représentant, 7, pl. Cassini.................... 860.06
Mari (G.), 59, av. de la Lanterne.......................... 754.30
Mari (V.), transp. intern., 27, r. Paganini................ 874.87
Mari fils et Dalbera, vins en gros, 60, boul. Risso........ 826.65
Maria (A.), couronnes mortuaires, 10, r. Hôtel-des-Postes.... 849.66
Maria (F.), représ. comm., 30, r. Vernier.................. 823.47
Maria (G.), villa Nelly, r. Jacques-Bounin................. 805.72
Maria (P.), épicerie, 57, av. Cyrille-Besset............... 890.73
Maria frères, boulang.-pâtiss., 48, r. de la République.... 868.01
Maria et Dotta, bobinage, moteur, 1, r. Châteauneuf........ 896.62
Mariage (J.-L.), adm. dél. Cie T.N.L., villa les Violettes, ch. des Crêtes. 61.64
Mariani (A.), tailleur p. dames, 4, r. de Russie........... 815.39
Mariani (A.), fabr. gaineries, 34, r. Escarène............. 833.86
Mariani, électr., 103, r. de France........................ 851.93
Mariano, coiff., parfum., 9, r. Massena.................... 853.22
Mariau (Albert), doct. chirurg., 18, av. Auber............. 841.96
Mariau (Philippe), doct. chirurg., 18, av. Auber........... 883.15
Marientross, 21, r. Verdi.................................. 810.29
Marie-Dyl (Sté An.), 42, boul. Joseph-Garnier.............. 861.18
Marie-Thérèse, couture, Jardin-du-Roi-Albert-Ier........... 875.56
Marine Nationale, inscript. marit., 22, qu. Lunel.......... 60.45
Marine Nationale, 16, boul. Dubouchage..................... 861.80
Marinelli (G.), 9, boul. Armée-des-Alpes................... 62.05
Marinette, coiffure p. dames, 3, av. Auber................. 862.13
Marini (M.), 26, av. Maréchal-Foch......................... 891.25
Marino (P.), doct. en méd., 34, r. Verdi................... 828.42
Marion (Mme), infirmière, 10, r. de Paris.................. 817.74
Marius, salon de coiffure, 12, r. Saint-Philippe........... 856.76
Marjollet, villa Agnès-Paulette, av. René-Maurice.......... 881.37
Marjoulet (Mme la Générale), 11, r. du Congrès............. 854.23
Marlot (J.), industr., 28, boul. Carabacel................. 887.96
Marly's, cristaux, cadeaux, 25, prom. des Anglais.......... 872.11
Marolles (H.), 6, r. Meyerber.............................. 813.93

Maroquinerie de l'Opéra, 12, av. de la Victoire............ 878.88
Marouani (D.), 10, r. Verdi................................ 891.28
Marquis, herboristerie, 40, r. Bonaparte................... 60.96
Marquise de Sévigné (A la), 16, av. de Verdun.............. 826.91
Marquise de Sévigné (A la), 8, av. de la Victoire.......... 855.01
Marre (G.), pédic. chiropod., 20, r. Maréchal-Pétain....... 870.87
Marrot, pharmacien, 9 bis, r. François-Guizol.............. 67.63
Mars (B.), couronnes mort., 4, r. Alex.-Mari............... 837.03
Mars (F.), 10, r. Neville-Chamberlain...................... 867.03
Mars, vins en gros, 6, r. Defly............................ 823.29
Mars frères et Cotto, constr. mécan., 17, r. Bavastro...... 61.18
Marsigliotti frères, entr. trav. publ., villa Les Roses, av. Isnard. 756.89
Marsollet (Raoul), 15, r. Alex.-Mari....................... 836.22
Martel, mach. à écrire, 8, r. Rancher...................... 842.83
Martelly (G.), représ., 15, r. Gustave-Deloye.............. 853.38
Marthe, coiffeur, 20, r. de la Buffa....................... 802.48
Martin, villa les Oliviers, av. du Mesnil, Fabron.......... 754.93
Martin, notaire, 31, av. de la Victoire.................. + 809.01
Martin, café, thés, 26, qu. Saint-Jean-Baptiste............ 827.37
Martin (A.), 4, r. de Paris (nov. à avril inclus).......... 814.62
Martin (A.), corsetière, 5, r. Bardon...................... 856.93
Martin-Cauquil (S.), 53, rte de Marseille.................. 751.74
Martin (Charles), entrepreneur, 34, boul. de Cambrai....... 756.35
Martin (Claude) fils, représ. comm., 15, r. Barla.......... 66.33
Martin (C.), court. huiles, 14, qu. Saint-Jean-Baptiste.... 898.96
Martin (E.), fleuriste, 14, r. du Congrès.................. 837.75
Martin (G.), agent comm., villa Calendal, Parc Ferber...... 758.88
Martin (Gaston), fleuriste, 28, r. Hôtel-des-Postes........ 813.63
Martin (G.), élect., 32, r. Assalit........................ 820.16
Martin (H.), bijout., 2, av. de Verdun..................... 848.65
Martin (H.), mécanique, électr., 4, r. Xavier-de-Maistre... 850.80
Martin (J.), architecte, 16, r. Dante...................... 816.44
Martin (L.), joaillier, 57, boul. Victor-Hugo.............. 805.98
Martin (Mme H.), 2, r. Rossini............................. 835.09
Martin (Mlle), huiles, 28, r. Gioffredo.................... 816.15
Martin (Mlle M.), sage-femme, 30, r. Reine-Jeanne.......... 854.54
Martin (Pierre), villa Turquoise, av. Caravadossi.......... 826.77
Martin (P.), mécanicien, 162, av. Californie............... 756.33
*MARTIN ET CIE (Entrepr. Charles), bureaux, 139 bis, rte de Marseille. 757.20
Martin (Urbain), ingénieur, 29, av. de Montclair........... 890.47
Martin (Victor), archit. expert, 27, av. Villermont........ 854.74
Martin-Bermond, expédit. fleurs, 5, boul. Magnan........... 752.09
Martin-Gout, art. voyages, maroqu., 55, r. Gioffredo....... 884.01
Martin-Milon, 16, r. Préfecture............................ 807.55
Martin Pyns, villa Henriette, av. La Madelon............... 808.65
Martina, entrepr. serrurerie, 20, r. Ferber................ 755.87
Martina et Iolia, plomb. sanit., 32, r. Escarène........... 848.85
Martinelli (Ch.), entrep. maçonn., 39, boul. Carlone........ 754.79
Martinelli (J.), 20, r. Berlioz............................ 801.92
Martinetti (A.), représ., 13, boul. de Cimiez.............. 877.22
Martinetti (F.), Palais du Jardin, pl. Cais-de-Gilette..... 63.13
Martinetti (Jean) fils, tailleur, 17, r. de la Préfecture.. 881.30
Martinetti et fils, drapiers, tailleurs, 11, r. de la Préfecture.. 843.76
Martini (Ch.), avocat, 5, r. Galléan....................... 876.62
Martini (P.), chirurg. dent., 6, r. Defly................... 854.21
MARTINI ET CIE (Sté anon.), transp. *déménagements*, 17, av. Thiers. + 829.63
—— dépôt transp., r. du Docteur-Pierre-Richielmi........... 64.40
—— agent en douanes, 4, qu. Papacino....................... 60.56
—— *Service du camionnage et factage P. L. M............... 820.29
—— *Service postal Cie Fraissinet.......................... 62.21
—— *Antibes, boul. Albert-Ier, demander le 412.63 Antibes.
—— *Antibes, gare 410.31 Juan-les-Pins.
—— *Breil (agence en douanes), demander le 16 Breil.
Martini et Rossi, vermouth, 40, boul. Gambetta............. 898.74
Martini et Russo, aliment. gén., 26, av. Malausséna........ 880.76
Martino (Mlle M.), 30, r. des Ponchettes................... 893.34
Martino (B.), villa Les Palmiers, Parc Chambrun............ 876.46
Martinon (J.), 10, r. de la République..................... 830.84
Martinon, change, bourse, 25, av. de la Victoire........ + 899.34
Marty, négoc., 4, r. du Pont-Vieux......................... 848.72
Marty, représent. comm., 45, av. Borriglione............... 802.60
Marverti (G.), 14, imp. St-Laurent......................... 755.35
Marvie (L.-F.), mat. prem. aromat., 31, av. Domaine-du-Piol. 808.96
Mary (Louis), 34, r. Masséna............................... 894.11
Mary (P.), fourn. pour tailleur, 32, r. Hôtel-des-Postes... 825.80
Maryland, 177, promenade des Anglais....................... 756.78
Marzat (M.), avoué, 23, av. de la Victoire................. 835.60
Marzi (F.), plombier, 135, r. de France.................... 855.90

MAISON MARS Travaux sur commande — Spécialité Plantes perles, garnitures tombeaux
COURONNES MORTUAIRES, 4, rue Alexandre-Mari (Anc. r. du Palais) NICE Téléphone : 837.03

"Examinei a avenida, as ruazinhas, as casas,
as lojas, as mansões, buscando instintivamente um abrigo.
Meu olhar parou num cartaz:
MARIUS – SALÃO DE CABELEIREIROS."

LISTA TELEFÔNICA anual dos assinantes dos Alpes Marítimos, edição de 1941, com endereço e telefone do salão Marius, à rue Saint-Philippe 12, telefone 856.76.

FRANÇOISE FRENKEL

RIEN OÙ POSER SA TÊTE

GENÈVE
Edition J.-H. Jeheber S. A.
6, rue du Vieux-Collège, 6

En France : Edition Jeheber, Annemasse (Haute-Savoie)

FOLHA DE ROSTO da edição original, 1945.

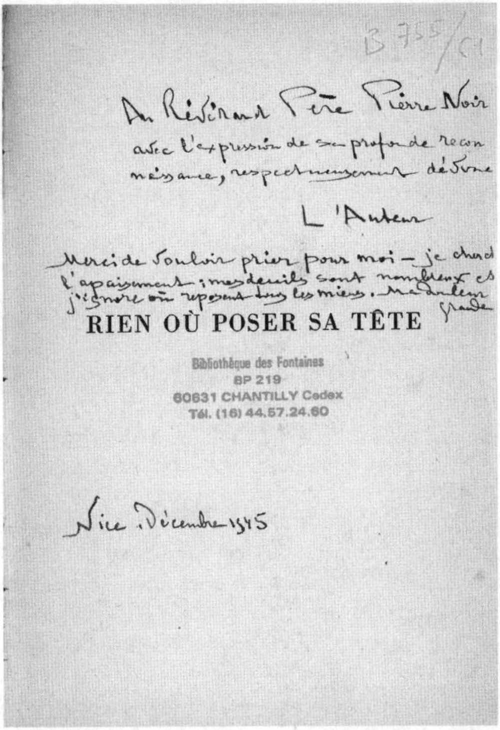

Au Révérend Père Pierre Noir
avec l'expression de sa profonde recon
naissance, respectueusement dédié
L'Auteur
Merci de vouloir prier pour moi – je cherche
l'apaisement ; mes deuils sont nombreux et
j'ignore où reposent tous les miens. Ma douleur
grande

RIEN OÙ POSER SA TÊTE

Nice. Décembre 1945

DEDICATÓRIA DE Françoise Frenkel ao padre Noir num exemplar do livro.

> *Ao reverendo padre Pierre Noir, com a expressão do seu profundo reconhecimento, respeitosamente dedico, A autora.*
>
> *Obrigada pela intenção de rezar por mim – busco o apaziguamento; meus lutos são numerosos e ignoro onde repousam todos os meus. Minha dor é grande. Nice. Dezembro de 1945.* (Biblioteca Municipal de Lyon. SJ B755/61).

A dedicatória indica que Françoise Frenkel voltou a viver em Nice no final de 1945.

Publications reçues

Françoise FRENKEL: *Rien où poser sa tête*. Edit. J.-H. Jeheber S. A. Genève.

Les récits dont l'action se situe dans le cadre de la guerre ont entre eux une tragique parenté. C'est pourquoi, en lisant « Rien où poser sa tête », on pense à « Je suis une vraie Norvégienne », malgré la différence des personnages et des situations.

Françoise Frenkel, d'origine polonaise, était directrice d'une librairie française, à Berlin, lorsque les événements de 1939 l'obligèrent à fuir. Ne pouvant gagner sa patrie, elle se réfugia en France, à Paris, où elle avait fait ses études. Mais bientôt l'exode l'entraîna vers le Midi. A partir de ce moment, les péripéties se succèdèrent vécues douloureusement, « sans rien où poser sa tête...» Pourtant de lumineux rayons se glissent parmi les images de misère, et nous en savons gré à l'auteur. Pas de plaintes, des faits rapportés avec décence et mesure, d'une manière très vivante. Françoise Frenkel ne serait-elles pas une des « héroïnes inconnues » ? R. G.

ARTIGO PUBLICADO em 1946, no *Le mouvement féministe: organe officiel des publications de l'Alliance nationale des sociétés féminines suisses* [Movimento feminista: órgão oficial das publicações da Aliança nacional das sociedades femininas suíças]. É a única resenha conhecida do livro.

Os relatos, cuja ação se situa no marco da guerra, têm entre si um trágico parentesco. Essa é a razão que torna inevitável, ao ler Rien où poser sa tête *[Sem lugar no mundo], pensar em* Je suis une vraie norvégienne,[6] *apesar da diferença dos personagens e das situações.*

Françoise Frenkel, de origem polonesa, dirigia uma livraria francesa em Berlim quando os acontecimentos de 1939 obrigaram-na a fugir. Sem conseguir chegar à sua pátria, refugiou-se em Paris, na França, onde havia estudado, mas logo o êxodo a arrastou para o Sul. A partir desse momento, as peripécias se sucederam, vividas dolorosamente, "sem ter nenhum lugar onde descansar". Contudo, entre as imagens da miséria enxergam-se raios de luz, e por eles agradecemos à autora. Não há lamúrias, apenas fatos contados com dignidade e sobriedade, de uma maneira muito vivaz. Seria a própria Françoise Frenkel, talvez, uma dessas "heroínas anônimas"? [R.G.]

6 N.T.: De Synnove Christensen, Antikvarium, 1944, traduzido em vários idiomas.

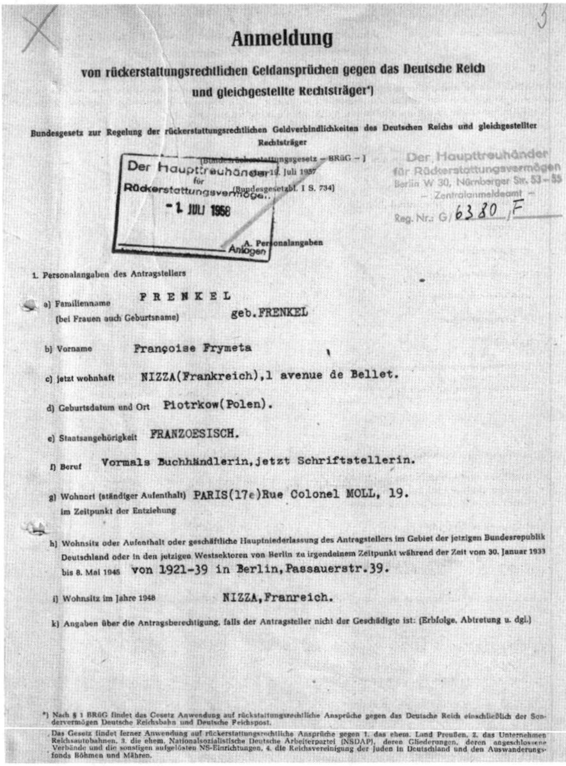

Anmeldung

von rückerstattungsrechtlichen Geldansprüchen gegen das Deutsche Reich und gleichgestellte Rechtsträger*)

Bundesgesetz zur Regelung der rückerstattungsrechtlichen Geldverbindlichkeiten des Deutschen Reichs und gleichgestellter Rechtsträger

(Bundesrückerstattungsgesetz – BRüG –) vom 19. Juli 1957 (Bundesgesetzbl. I S. 734)

Der Haupttreuhänder für Rückerstattungsvermögen
-1 JULI 1958
Anlagen

Der Haupttreuhänder für Rückerstattungsvermögen
Berlin W 30, Nürnberger Str. 53–55
– Zentralanmeldeamt –
Reg. Nr.: G/ 6380 /F

A. Personalangaben

1. Personalangaben des Antragstellers

a) Familienname (bei Frauen auch Geburtsname) F R E N K E L geb.FRENKEL

b) Vorname Françoise Frymeta

c) jetzt wohnhaft NIZZA(Frankreich),1 avenue de Bellet.

d) Geburtsdatum und Ort Piotrkow(Polen).

e) Staatsangehörigkeit FRANZOESISCH.

f) Beruf Vormals Buchhändlerin,jetzt Schriftstellerin.

g) Wohnort (ständiger Aufenthalt) im Zeitpunkt der Entziehung PARIS(17e)Rue Colonel MOLL, 19.

h) Wohnsitz oder Aufenthalt oder geschäftliche Hauptniederlassung des Antragstellers im Gebiet der jetzigen Bundesrepublik Deutschland oder in den jetzigen Westsektoren von Berlin zu irgendeinem Zeitpunkt während der Zeit vom 30. Januar 1933 bis 8. Mai 1945 von 1921-39 in Berlin,Passauerstr.39.

i) Wohnsitz im Jahre 1948 NIZZA,Franreich.

k) Angaben über die Antragsberechtigung, falls der Antragsteller nicht der Geschädigte ist: (Erbfolge, Abtretung u. dgl.)

*) Nach § 1 BRüG findet das Gesetz Anwendung auf rückstattungsrechtliche Ansprüche gegen das Deutsche Reich einschließlich der Sondervermögen Deutsche Reichsbahn und Deutsche Reichspost.
Das Gesetz findet ferner Anwendung auf rückerstattungsrechtliche Ansprüche gegen 1. das ehem. Land Preußen, 2. das Unternehmen Reichsautobahnen, 3. die ehem. Nationalsozialistische Deutsche Arbeiterpartei (NSDAP), deren Gliederungen, deren angeschlossene Verbände und die sonstigen aufgelösten NS-Einrichtungen, 4. die Reichsvereinigung der Juden in Deutschland und den Auswanderungsfonds Böhmen und Mähren.

"A mala grande resgatada de Berlim tinha sido confiada a um guarda-móveis parisiense."

FORMULÁRIO DE pedido de indenização de Françoise Frenkel, datado de 1958:

> *Nacionalidade: francesa; profissão: antigamente livreira, escritora; endereço: 1, avenida de Bellet, Nice; endereço no momento dos fatos: 19, rue du Colonel-Moll, 17º Arrondissement; objeto da solicitação: perda de bagagens (ver lista anexa); motivo: confisco pela Gestapo.*

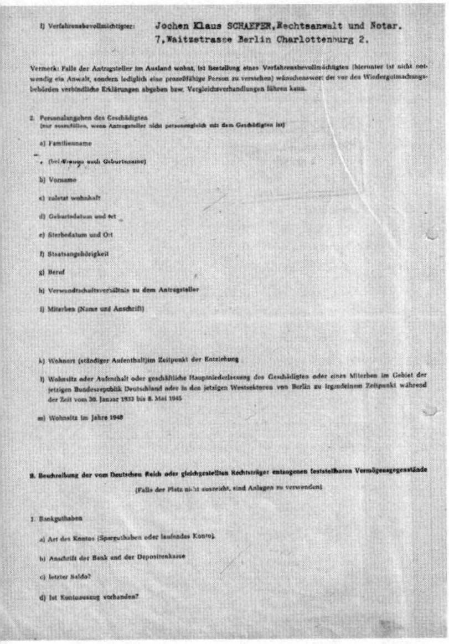

l) Verfahrensbevollmächtigter: Jochen Klaus SCHAEFER, Rechtsanwalt und Notar. 7, Waitzstrasse Berlin Charlottenburg 2.

Vermerk: Falls der Antragsteller im Ausland wohnt, ist Bestellung eines Verfahrensbevollmächtigten (hierunter ist nicht notwendig ein Anwalt, sondern lediglich eine prozeßfähige Person zu verstehen) wünschenswert der vor den Wiedergutmachungsbehörden verbindliche Erklärungen abgeben bzw. Vergleichsverhandlungen führen kann.

2. Personalangaben des Geschädigten
(nur auszufüllen, wenn Antragsteller nicht personengleich mit dem Geschädigten ist)

a) Familienname

(bei Frauen auch Geburtsname)

b) Vorname

c) zuletzt wohnhaft

d) Geburtsdatum und Ort

e) Sterbedatum und Ort

f) Staatsangehörigkeit

g) Beruf

h) Verwandtschaftsverhältnis zu dem Antragsteller

i) Miterben (Name und Anschrift)

k) Wohnort (ständiger Aufenthalt) im Zeitpunkt der Entziehung

l) Wohnsitz oder Aufenthalt oder geschäftliche Hauptniederlassung des Geschädigten oder eines Miterben im Gebiet der jetzigen Bundesrepublik Deutschland oder in den jetzigen Westsektoren von Berlin zu irgendeinem Zeitpunkt während der Zeit vom 30. Januar 1933 bis 8. Mai 1945

m) Wohnsitz im Jahre 1948

B. Beschreibung der vom Deutschen Reich oder gleichgestellten Rechtsträger entzogenen feststellbaren Vermögensgegenstände

(Falls der Platz nicht ausreicht, sind Anlagen zu verwenden)

1. Bankguthaben

a) Art des Kontos (Sparguthaben oder laufendes Konto)

b) Anschrift der Bank und der Depositenkasse

c) letzter Saldo?

d) Ist Kontoauszug vorhanden?

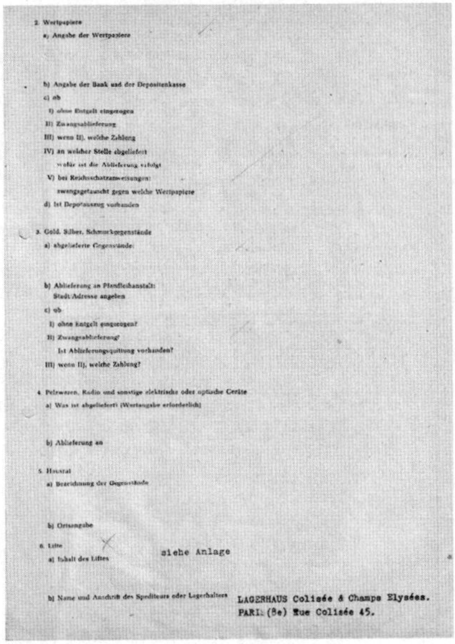

2. Wertpapiere

a) Angabe der Wertpapiere

b) Angabe der Bank und der Depositenkasse

c) ob

I) ohne Entgelt eingezogen

II) Zwangsablieferung

III) wenn II), welche Zahlung

IV) an welcher Stelle abgeliefert
wofür ist die Ablieferung erfolgt

V) bei Reichsschatzanweisungen:
zwangsgetauscht gegen welche Wertpapiere

d) Ist Depotauszug vorhanden

3. Gold, Silber, Schmuckgegenstände

a) abgelieferte Gegenstände:

b) Ablieferung an Pfandleihanstalt:
Stadt/Adresse angeben

c) ob

I) ohne Entgelt eingezogen?

II) Zwangsablieferung?
Ist Ablieferungsquittung vorhanden?

III) wenn II), welche Zahlung?

4. Pelzwaren, Radio und sonstige elektrische oder optische Geräte

a) Was ist abgeliefert? (Wertangabe erforderlich)

b) Ablieferung an

5. Hausrat

a) Bezeichnung der Gegenstände

b) Ortsangabe

6. Lifte

a) Inhalt des Liftes siehe Anlage

b) Name und Anschrift des Spediteurs oder Lagerhalters LAGERHAUS Colisée & Champs Elysées. PARIS (8e) Rue Colisée 45.

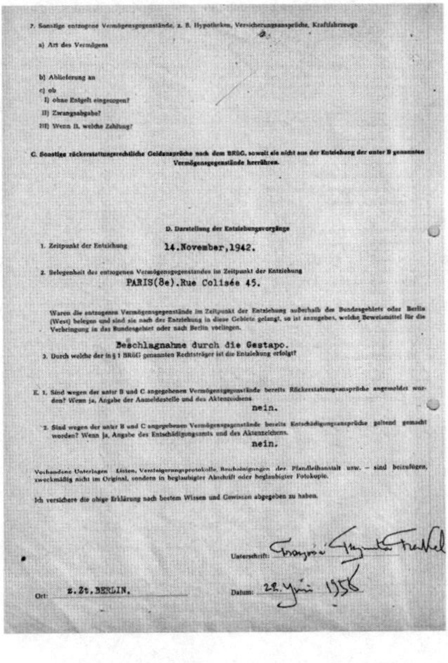

7. Sonstige entzogene Vermögensgegenstände, z. B. Hypotheken, Versicherungsansprüche, Kraftfahrzeuge

a) Art des Vermögens

b) Ablieferung an

c) ob

I) ohne Entgelt eingezogen?

II) Zwangsabgabe?

III) Wenn II, welche Zahlung?

C. Sonstige rückerstattungsrechtliche Geldansprüche nach dem BRüG, soweit sie nicht aus der Entziehung der unter B genannten Vermögensgegenstände herrühren.

D. Darstellung der Entziehungsvorgänge

1. Zeitpunkt der Entziehung 14. November, 1942.

2. Belegenheit des entzogenen Vermögensgegenstandes im Zeitpunkt der Entziehung
PARIS (8e). Rue Colisée 45.

Waren die entzogenen Vermögensgegenstände im Zeitpunkt der Entziehung außerhalb des Bundesgebiets oder Berlin (West) belegen und sind sie nach der Entziehung in diese Gebiete gelangt, so ist anzugeben, welche Beweismittel für die Verbringung in das Bundesgebiet oder nach Berlin vorliegen.

Beschlagnahme durch die Gestapo.

3. Durch welche der in § 1 BRüG genannten Rechtsträger ist die Entziehung erfolgt?

E. 1. Sind wegen der unter B und C angegebenen Vermögensgegenstände bereits Rückerstattungsansprüche angemeldet worden? Wenn ja, Angabe der Anmeldestelle und des Aktenzeichens
nein.

2. Sind wegen der unter B und C angegebenen Vermögensgegenstände bereits Entschädigungsansprüche geltend gemacht worden? Wenn ja, Angabe des Entschädigungsamts und des Aktenzeichens.
nein.

Vorhandene Unterlagen – Listen, Versteigerungsprotokolle, Bescheinigungen der Pfandleihanstalt usw. – sind beizufügen, zweckmäßig nicht im Original, sondern in beglaubigter Abschrift oder beglaubigter Fotokopie.

Ich versichere die obige Erklärung nach bestem Wissen und Gewissen abgegeben zu haben.

Unterschrift:

Ort: z. Zt. BERLIN. Datum: 22. Juni 1956

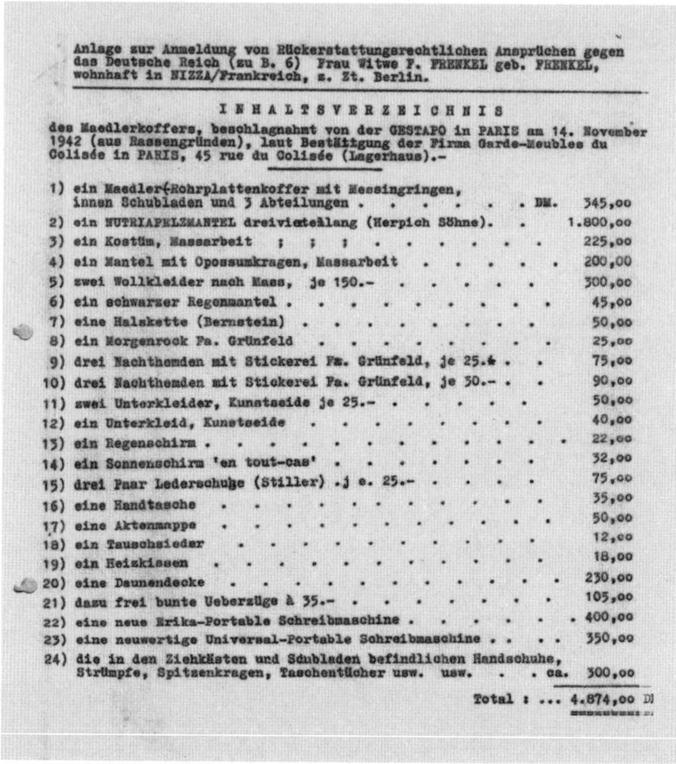

Anlage zur Anmeldung von Rückerstattungsrechtlichen Ansprüchen gegen das Deutsche Reich (zu B. 6) Frau Witwe F. FRENKEL geb. FRENKEL, wohnhaft in NIZZA/Frankreich, z. Zt. Berlin.

I N H A L T S V E R Z E I C H N I S

des Maedlerkoffers, beschlagnahmt von der GESTAPO in PARIS am 14. November 1942 (aus Rassengründen), laut Bestätigung der Firma Garde-Meubles du Colisée in PARIS, 45 rue du Colisée (Lagerhaus).-

1) ein Maedler-Rohrplattenkoffer mit Messingringen, innen Schubladen und 3 Abteilungen . . . . . . DM. 345,00
2) ein NUTRIAPELZMANTEL dreiviertelang (Herpich Söhne). . 1.800,00
3) ein Kostüm, Massarbeit ; ; ; 225,00
4) ein Mantel mit Opossumkragen, Massarbeit 200,00
5) zwei Wollkleider nach Mass, je 150.- 300,00
6) ein schwarzer Regenmantel 45,00
7) eine Halskette (Bernstein) 50,00
8) ein Morgenrock Fa. Grünfeld 25,00
9) drei Nachthemden mit Stickerei Fa. Grünfeld, je 25.- . . 75,00
10) drei Nachthemden mit Stickerei Fa. Grünfeld, je 30.- . . 90,00
11) zwei Unterkleider, Kunstseide je 25.- 50,00
12) ein Unterkleid, Kunstseide 40,00
13) ein Regenschirm 22,00
14) ein Sonnenschirm 'en tout-cas' 32,00
15) drei Paar Lederschuhe (Stiller) . je. 25.- 75,00
16) eine Handtasche 35,00
17) eine Aktenmappe 50,00
18) ein Tauschsieder 12,00
19) ein Heizkissen 18,00
20) eine Daunendecke 230,00
21) dazu frei bunte Ueberzüge à 35.- 105,00
22) eine neue Erika-Portable Schreibmaschine 400,00
23) eine neuwertige Universal-Portable Schreibmaschine 350,00
24) die in den Ziehkästen und Schubladen befindlichen Handschuhe, Strümpfe, Spitzenkragen, Taschentücher usw. usw. . . ca. 300,00

Total : ... 4.874,00 DM

INVENTÁRIO E ESTIMATIVA do conteúdo da mala de Françoise Frenkel, anexado ao formulário do pedido de indenização de 1958.

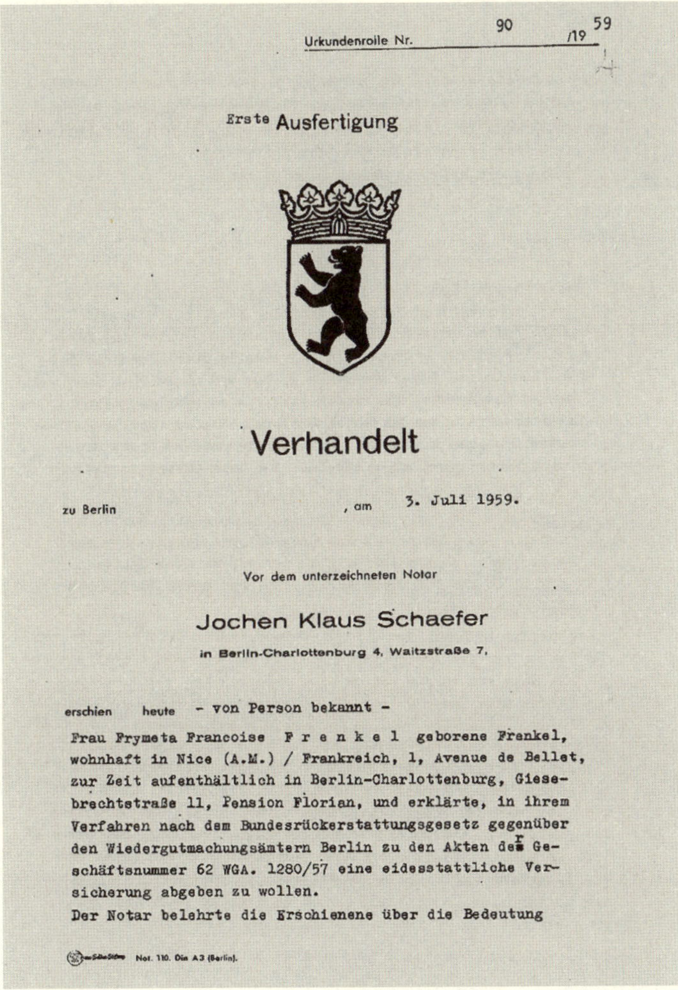

Urkundenrolle Nr. 90 /1959

Erste Ausfertigung

Verhandelt

zu Berlin, am 3. Juli 1959.

Vor dem unterzeichneten Notar

Jochen Klaus Schaefer

in Berlin-Charlottenburg 4, Waitzstraße 7,

erschien heute - von Person bekannt -

Frau Frymeta Francoise F r e n k e l geborene Frenkel, wohnhaft in Nice (A.M.) / Frankreich, 1, Avenue de Bellet, zur Zeit aufenthältlich in Berlin-Charlottenburg, Giesebrechtstraße 11, Pension Florian, und erklärte, in ihrem Verfahren nach dem Bundesrückerstattungsgesetz gegenüber den Wiedergutmachungsämtern Berlin zu den Akten der Geschäftsnummer 62 WGA. 1280/57 eine eidesstattliche Versicherung abgeben zu wollen.
Der Notar belehrte die Erschienene über die Bedeutung

Not. 110. Din A3 (Berlin).

EM JULHO DE 1959, Françoise Frenkel passa alguns dias em Berlim para completar seu processo de indenização. Ela depõe perante o notário para obter a declaração transcrita a seguir. Em 1960, ela obtém da então República Federal da Alemanha a reparação no valor de 3 mil e 500 marcos.

einer eidesstattlichen Versicherung und wies sie auf die Strafbarkeit nach den Bestimmungen des Aufenthalts- und des Heimatlandes für den Fall der Abgabe einer vorsätzlich oder fahrlässig falschen eidesstattlichen Versicherung hin.

Hierauf erklärte die Erschienene folgendes:

Im Juli 1939 mußte ich wegen rassischer Verfolgung Berlin verlassen und mich in das Ausland begeben. Ich besaß damals die polnische Staatsangehörigkeit, und mir drohte wegen meiner jüdischen Abstammung sowieso die Zwangsausweisung. Ich wäre unter die Aktionen gegen die jüdischen Polen gefallen. - Ich erhielt von dem französischen Konsulat eine entsprechende Warnung, da ich eine französische Buchhandlung unter dem Namen MAISON DU LIVRE betrieb. Ich habe damals meine Buchhandlung und auch meine Wohnung verlassen, wie sie waren, und mich nur darauf beschränkt, das Notwendigste, das heißt persönliche Gegenstände in einem Koffer mitzuführen. Dieser Maedler-Koffer hatte den Inhalt, den ich auf einer besonderen Liste angegeben habe. Dieser Koffer stellte also mein Umzugsgut dar.

Es gelang mir durch die Unterstützung meines Mitarbeiters, Herrn Roland Weimar, den Koffer nach Paris aufzugeben, und dort fand ich ihn nach meiner Ankunft wieder vor, und zwar am Bahnhof. Ich kam in Paris in der ersten Juli-Hälfte 1939 an. Ich wohnte bei Freunden in Paris und hatte dort meinen Koffer untergestellt.

Als dann im Laufe des deutsch-französischen Krieges Paris von den deutschen Truppen bedroht wurde und der Kommandant von Paris alle Frauen und Kinder zum Verlassen der Stadt aufforderte, fühlte auch ich mich veranlaßt, dieser Aufforderung Folge zu leisten. Wenn ich auch inzwischen die französische Staatsangehörigkeit erworben hatte, so mußte ich doch wegen meiner jüdischen Abstammung und früheren polnischen Staatsangehörigkeit die deutschen Truppen fürchten. Ich verließ also am 28. Mai 1940 Paris, nachdem ich am Tage zuvor, am 27. Mai 1940, bei dem Lagerhaus GARDEMEUBLE du Colysée, 45 rue Colysée, Paris 8e, den Koffer eingelagert hatte. Ich begab mich dann nach Südfrankreich.

Im Herbst 1942, und zwar im November erhielt ich von dem

- 3 -

Lagerhaus ein Schreiben, das mir von meinen französischen Freunden aus Paris nach Nizza nachgesandt worden war und in welchem mir mitgeteilt wurde, daß dort lagerndes jüdisches Eigentum von der deutschen Besatzungsmacht beschlagnahmt werden sollte. Ich wurde angefragt, ob ich die Möglichkeit hätte nachzuweisen, daß ich "arisch" sei, um mein Eigentum vor einer derartigen Beschlagnahme zu bewahren. Ich habe dieses Schreiben nicht beantwortet, weil ich jüdischer Abstammung bin und dadurch keine Aussicht bestand, eine Beschlagnahme des Koffers zu verhindern. Bei dieser Aktion in Paris hat es sich um eine allgemeine Aktion der Nazi-Behörden gegen jüdisches Eigentum gehandelt, und ich schließe daraus, daß meine Sachen mit denen anderer Juden in das Gebiet des ehemaligen Deutschen Reiches verbracht worden sind.

Wegen dieses Verlustes habe ich von keinem Staat, insbesondere weder von Frankreich noch von Polen irgendeine Entschädigung erhalten. Als ich nämlich diesen Schaden zunächst als Kriegsschaden bei einem französischen Amt anmelden wollte, hat man mir eine Entschädigung versagt mit der Begründung, daß es sich dabei nicht um einen üblichen Besatzungs- oder Kriegsschaden gehandelt habe, sondern um eine besondere Aktion gegen die Juden.

Die Richtigkeit vorstehender Angaben versichere ich an Eides Statt. Nach gewissenhafter Prüfung ist mir nichts bekannt, was der Richtigkeit meiner Angaben entgegensteht.

Ich beantrage, mir eine Ausfertigung - für die Wiedergutmachungsämter -, eine beglaubigte Abschrift - für den Senator für Finanzen - sowie mir eine einfache Abschrift zu erteilen.

Das Protokoll ist in Gegenwart des Notars mit den Ergänzungen und Berichtigungen vorgelesen, von der Beteiligten genehmigt und eigenhändig unterschrieben worden:

gez. Frymeta Francoise F r e n k e l geb. Frenkel
gez. S c h a e f e r , Notar

Kostenrechnung
Kostenordnung v. 26. 7. 57

Geschäftswert:	4.500,-- DM
Gebühr §§ 32, 49	30,-- DM
Umsatzsteuer	1,20 "
zusammen	31,20 DM

gez.Schaefer, Notar

JOCHEN KLAUS SCHAEFER

NOTÁRIO

BERLIM-CHARLOTTENBURG 4, WAITZSTRASSE 7

Berlim, 3 de julho de 1959

Apresentou-se hoje perante o notário a sra. Frymeta Françoise Frenkel, nascida Frenkel - conhecida pessoalmente pelo notário -, residente em Nice, Alpes Marítimos, França, à avenue de Bellet número 1, atualmente morando em Berlim-Charlottenburg, à Giesebrechstrasse, número 11, pensão Florian, e que afirmou querer registrar nos serviços administrativos de reparação de Berlim uma declaração juramentada, no âmbito do procedimento previsto na Lei Federal de indenização, em complemento ao processo nº 62 WGA 1280/57.

O notário explicou-lhe as modalidades de uma declaração juramentada e esclareceu ser ela passível de sanção, segundo as leis dos países de estadia e de origem, em caso de comunicação errônea, quer esta seja intencional quer seja cometida por imprudência no contexto de uma declaração juramentada.

Após o que a pessoa em minha presença prestou a declaração seguinte:

> Em julho de 1939, tive de sair de Berlim em virtude das perseguições raciais em vigor e fui para o exterior. Eu possuía a nacionalidade polonesa e a expulsão forçada fez-me atentar para minha origem judaica. Eu era visada pelas ações contra os poloneses judeus. Levando em conta o fato de que eu administrava uma livraria francesa chamada La Maison du Livre, o consulado francês me alertou. Deixei minha livraria, bem como meu apartamento, no estado em que se encontravam, limitando-me a levar

o estritamente necessário, a saber, pertences pessoais colocados numa mala. O conteúdo desta mala, da marca Mädler, está descrito numa relação separada. Ela constituiu toda a minha mudança.

Graças ao apoio de meu funcionário, sr. Roland WEYMAR, pude fazer a mala chegar a Paris e a recuperei ao descer na estação. Cheguei a Paris na primeira metade do mês de julho de 1939. Morei lá com amigos e deixei a mala com eles.

Durante a guerra entre França e Alemanha, quando Paris foi ameaçada pelas tropas alemãs, o comandante militar de Paris pediu que todas as mulheres e crianças abandonassem a cidade. Eu decidi cumprir. Eu havia naquele ínterim obtido a nacionalidade francesa, porém temia de qualquer forma as tropas alemãs, devido à minha origem judaica e à minha nacionalidade polonesa. Deixei Paris em 28 de maio de 1940, depois de depositar a mala na véspera, 27 de maio de 1940, no guarda-móveis do Colisée, situado no número 45 da rue du Colisée, 75008, Paris. Parti em seguida para o sul da França.

No outono de 1942, em novembro, recebi em Nice uma correspondência do guarda-móveis, enviada por meus amigos franceses de Paris, me informando do próximo confisco dos bens judaicos pelas forças de ocupação alemãs. Fui solicitada a provar, se isso fosse possível, que eu era "ariana", de modo a proteger meus bens de tal confisco. Não respondi a essa correspondência porque sou de origem judaica e não tinha, portanto, nenhuma chance de escapar do confisco da mala. Essa ação em Paris fazia parte de uma ação geral levada a cabo pela administração nacional-socialista contra os bens judaicos, e eu concluí que meus pertences, juntamente com os de outros judeus, foram levados ao território do antigo Reich alemão.

Não recebi qualquer indenização por essa perda, de nenhum Estado, e principalmente não da França e nem da Polônia. Quando pretendi declarar essa perda como um dano de guerra às autoridades francesas, elas recusaram a indenização sob a justificativa de que não se tratava de um dano de guerra nem consecutivo à Ocupação, mas de uma ação praticada especificamente contra os judeus.

Certifico a veracidade dessa declaração juramentada. Após sua releitura, nada encontro que contrarie a veracidade de minhas declarações.

Solicito que sejam emitidos: um exemplar destinado aos serviços administrativos de reparação, uma cópia autenticada para o senador responsável pelas finanças, e uma cópia simples para mim.

Este protocolo foi lido em presença do notário, com os acréscimos e correções, validado pelas partes interessadas e por elas assinado.

Assinado Frymeta Françoise FRENKEL, nascida Frenkel
Assinado SCHAEFER, notário

A presente declaração, registrada nas atas notariais do ano de 1959 sob o número 90, é emitida para a sra. Frymeta Françoise FRENKEL, nascida Frenkel, residente no presente em Berlim-Charlottenburg, Giesebrechtstrasse 11.

Berlim, 4 de julho de 1959

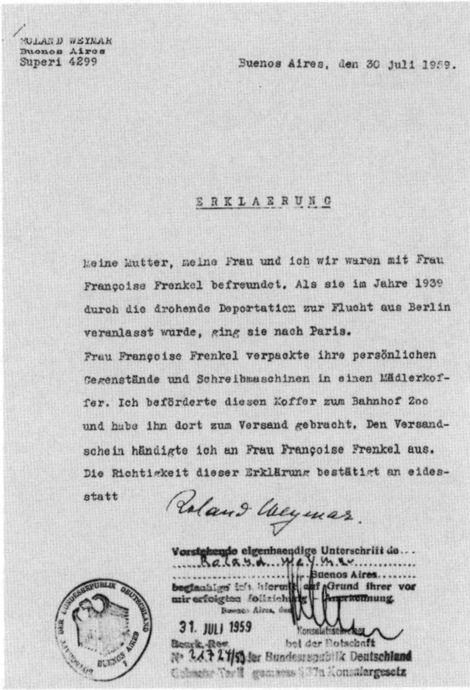

ROLAND WEYMAR
Buenos Aires
Superi 4299

Buenos Aires, den 30 Juli 1959.

E R K L A E R U N G

Meine Mutter, meine Frau und ich wir waren mit Frau Françoise Frenkel befreundet. Als sie im Jahre 1939 durch die drohende Deportation zur Flucht aus Berlin veranlasst wurde, ging sie nach Paris.
Frau Françoise Frenkel verpackte ihre persönlichen Gegenstände und Schreibmaschinen in einen Mädlerkoffer. Ich beförderte diesen Koffer zum Bahnhof Zoo und habe ihn dort zum Versand gebracht. Den Versandschein händigte ich an Frau Françoise Frenkel aus.
Die Richtigkeit dieser Erklärung bestätigt an eidesstatt

Roland Weymar

Vorstehende eigenhaendige Unterschrift de...
Roland Weymar
Buenos Aires
beglaubige ich hiermit auf Grund ihrer vor mir erfolgten [illegible] Anerkennung.
Buenos Aires, den
31. JULI 1959
Konsulatssekretär
bei der Botschaft
der Bundesrepublik Deutschland
Nº 26724/59

DECLARAÇÃO DO sr. Weymar, enviada de Buenos Aires, Argentina, em 30 de julho de 1959, e anexada ao processo de pedido de indenização, julho de 1950.

Minha mãe, minha esposa e eu éramos amigos da sra. Françoise Frenkel. Em 1939, devido à ameaça de deportação, ela foi obrigada a fugir de Berlim e seguiu para Paris. A sra. Frenkel embalou seus pertences pessoais e suas máquinas de escrever numa mala da marca Mädler. Levei essa mala à gare du Zoo e a entreguei aos serviços de expedição. Confiei o recibo da expedição à sra. Françoise Frenkel. Juro pela minha honra que essas declarações são verdadeiras. Roland Weymar.

O ÚLTIMO ENDEREÇO de Françoise Frenkel: Villa Tanit, no número 5 da rue Alexandre Dumas, em Nice.

AGRADECIMENTOS

TODA A NOSSA GRATIDÃO vai para aqueles e aquelas que permitiram que essa edição visse a luz do dia.

A Patrick Modiano, pelo interesse que mostrou no projeto e o prefácio que lhe ofereceu.

A Frédéric Maria, por nos ter feito descobrir o livro e o processo inédito que o esclarece.

A Michel Francesconi, que encontrou um exemplar do livro num bazar de caridade de Nice e foi o primeiro a lê-lo e a compartilhá-lo.

A Valérie Scigala, que, em seu blog, fez reaparecer o nome de Françoise Frenkel.

A Elisabeth Beyer, diretora do Escritório do Livro de Berlim, por seu apoio amigável e constante.

A Sebastian Cadet, do Centro de indenização das vítimas da Shoá em Berlim, por suas pesquisas nos arquivos berlinenses.

A Corine Defrance, que em 2005 fez o único estudo sobre a livraria La Maison du Livre Français e participou das pesquisas.

A Anne Vijoux, por suas pesquisas nas bibliotecas francesas.

E, finalmente, a Simon Srebrny, Irenka Taurek e Peter Wechsler, parentes de Françoise Frenkel, cujas lembranças e arquivos pessoais foram para nós um auxílio precioso.

Este livro foi editado pela Bazar do Tempo,
na cidade de São Sebastião do Rio de Janeiro,
no verão de 2018. Ele foi composto com as tipografias
FF Franziska, GT Eesti e A2 Typewriter,
e impresso em papel Pólen Bold 90g/m²,
na gráfica Rotaplan.

1ª reimpressão
[julho 2018]